早稲田教育叢書　25

声の力と国語教育

大津 雄一
金井 景子
編著

学 文 社

はじめに

「届く声」と「聴く力」を育てようというのが、私たちの研究会、「朗読の理論と実践の会」の大きなテーマである。そのためにまず、「届く声」と「聴く力」を持つ教員を養成し、子どもたちの中にもそれらを育てたいと考えている。

改めて言うまでもなく、音声言語教育が国語教育において重要な一角を占める分野であることは誰でもが認めるところであるし、今日までその方法論の研究や実践が積み重ねられてきたことも承知している。けれども、たとえば教員養成のカリキュラムにおいて、朗読の理論や技術、その実際的な習得方法について、どれほどの配慮がなされているかと問い直してみると、はなはだ心もとない現状である。また、二〇〇〇年前後に「美しい日本語」を「声に出そう」というブームが到来したのは周知のできごとであるが、改めて何がいったい朗読に適した教材で、それを声に出すこと自体にどのような効果（方法を誤ればマイナス点）があるのかを、教育現場の文脈を踏まえて考えることもまた、十分になされてきたとはいえない。ことに中等教育・高等教育においては、読解すべき教材の量が飛躍的に増えることに加えて、生徒・学生たちも幼少時と異なって自意識が強くなるために、教員がそうした時空を積極的に創り出して行かない限り、自分で声を発したり、人の声を受け止めて敏感に反応することは極めて困難になる。学齢期を終えて社会に出れば、「届く声」と「聴く力」とはすぐさま問われることになるにもかかわらず、である。そのような現状にいささかでも変化をもたらしたいと、ここ数年の私たちの活動をまとめたのが本書である。

本書の土台となったのは、前述した「朗読の理論と実践の会」での研究と、このメンバーに朗読家・邦楽演奏家・俳優・オイリュトミスト・詩吟錬士らの協力を得て上演していた「よむよむ座」の活動である。「朗読の理論と実践の会」は、早稲田大学国語教育学会の部会として二〇〇三年に発足し、年に二〜三回のシンポジウムや実践報告を重ねて、現在に至っている。詳しい歩みについては、国語教育学会ホームページ（http://www.waseda.jp/assoc-w-kokukyou/）を参照されたい。

第一回の実践報告会（二〇〇三年十二月二十日）では、本書五章を執筆する中村佳文さんが、勤務先である山崎学園富士見高等学校の二年生たちを大学に連れてきてくれて、『平家物語』の群読実践を披露してくれた。生徒さんたち自身が、実にいきいきと工夫した「読み」を聞かせてくれて、研究会のメンバー一同で驚いたことを、つい昨日のように思い出す。翌二〇〇四年にはシンポジウム「古典教育における『声』の復権、その在り方をめぐって」（六月十九日）とシンポジウム「読み聞かせ、ストーリーテリングの現在―読むことの始原を考えるために―」（十月三十日）を行った。第七章の兵藤裕己さん（学習院大学教授）の「音声中心主義は形而上学か？――「古典」を声に出して読むこと――」は前者の折にゲストとしてご講演いただいたものである。また、第十章の「学校の外にある「声」で楽しむ読書の現在――「声」で本を届けるということ――」を書いてくださった小塚聡子さん（調布市立調布図書館司書）には、後者のシンポジウムにおいでいただいてストーリーテリングと読み聞かせの実演と児童図書館の現状報告とをお願いしたことがご縁で、今回ご寄稿いただくことになった。

「よむよむ座」では二〇〇三年から二〇〇五年にかけての三年間にわたり、朗読、口承芸能、演劇、演説、詩歌の朗唱、楽曲の歌唱、外国語の作品の朗読などのプログラムを三十五回提供した。詳細については金井景子「朗読の現場を創る――学校の中のライブ・スポット、「よむよむ座」の試み――」（『月刊国語教育』、二〇〇六年九月）を参照されたい。第十一章「朗読しようよ！――横浜市立南高等学校・朗読講座記録」の内木明子さん、第十二章

「地域に根ざした朗読活動の現場から」の飯沼定子さんはいずれも舞台朗読家として活躍される傍ら、「よむよむ座」に快く出演してくださった。学校の内側にいる教員とは異なる立場から、子どもたちに声を届け、また彼らから声を引き出す活動を重ねておられる。

ここには、日本文学や中国文学の研究者、国語教育の研究者、学校現場に立つ教員、朗読家や読み聞かせの専門家など、さまざまな立場からのさまざまな「声」がさまざまな「声つき」で発せられている。それらは必ずしも心地よいハーモニーを奏でておらずむしろ打ち消し合っている局面もあるかもしれない。しかし、それぞれが「届く声」であろうと努力したことには間違いがない。私たちの「声」が一人でも多くの人々のもとに「届く」ことを願うばかりである。

二〇〇七年二月十五日

大津雄一

金井景子

目次

第一章

神話の声――「事」を伝える「言」の世界――

松本　直樹

一、はじめに

古代、神話は口で唱えられ、口承という形で伝えられていた。声の神話は宇宙の成り立ちを説き、人の生死を決定し、そこが神に選ばれ、祝福された土地であると村落の起源を語り、呪性をもって社会を規制した。村落共同体は、そうした神話を頂いて形成維持されていた。

一般に日本神話と呼ぶ時、それは古事記（七一二）や日本書紀（七二〇）といった大和王権の手になる史書の、それぞれ最初の一部を構成している神々の物語や、各地の風土記に記された土地ごとの小さな神話群を指している。古事記や日本書紀は、壬申の乱という日本古代史上最大の内乱を経て即位した天武天皇が、天皇による天下統治の由来と正当性を説くために編纂を開始した史書であって、それらの神話は初代神武天皇より以前の、神代（かむよ）という時代の記録として体系的に編纂されたものであり、天地開闢から初代神武の誕生まで、皇祖神の系譜を中心とした時間軸にそって展開するという構成になっている。また風土記は、古事記成立の翌年、和銅六年（七一三）に発せられた中央政府の官命に応える形で、地方官庁としての各国が纏めた解文《げぶみ》としての地誌であり、そこに地方色豊かながら、あくまで行政区画としての郡や里（郷）の起源を説く神話が掲載されている。つまり古事記・日本書紀・風土記の伝える神話は、ある意図をもって編纂された書物の一部をなす神々の物語に過ぎず、純粋な意味での神話とは違うのである。ただ、それが神話という形を借りているということは、本来の神話の力が、それぞれの主題を説くために必要とされていた証拠に他ならない。本来の神話を全く無視して、誰も聞いたことのないような新しい神の物語を作ったところで、それは何らの説得力をも持ち得なかったに違いない。だから、古事記や日本書紀の神話でも、終始天皇の祖先だけが活躍して日本の国が作られていったわけではなく、皇室とは直接関わりのない地方の神々や、様々な氏族の祖先の神たちが、それぞれの機能を発揮して活躍をしているし、風土記においては逆に皇室ゆかりの神々や古事記や日本書紀で活躍した別の地方の神々までが登場しているのである。内容に関していえば、記紀の伝えるスサノヲのヲロチ退治は、大和王権の神話としては、皇祖アマテラスの実弟であるスサノヲが、大和王権の起源である高天原《たかまのはら》という天上界の力と価値観をもって、地上の世界を秩序化し、それが農耕の繁栄に繋がるという意味を持つと思われるが、その話型をたどれば、世界中に存在するところの所謂ペルセウス・アンドロメダ型神話にいたり、本来は世界の諸民族に共通するはずの、祭祀を通した自然と人との関わり方にまつわる神話であったらしいことが分かる。さらに、海幸山幸の神話、コノハナサクヤビメの神話、イナバのシウサギの神話などは、どれもインドネシアを起源として、黒潮の流れにのった人々の移動とともに伝播されたものであったことが知られている。

新しい神話は、本来の神話にある程度拘束されることの代償に、神話本来の力を維持して、その力に頼りながら作られ、さらにその神話を基礎として、そこに新たな表層が重ねられて次の神話が創造されてゆくのである。現在見ることのできる日本古代の神話は、あくまで書物の形に編纂された偽の神話に他ならないが、そこには純粋な声の神話の痕跡が多少なりとも残されているということである。

二、意味以前の声――神からの信号――

古代の神話の中に、神話自らの拠り所である声の力を伝えているのものがある。最初に古事記から、スサノヲの神話を取り上げてみたい。

故《かれ》、各《おのおの》依《よ》さし賜《たま》ひし命《みこと》の随《まにま》に、知《し》らし看《め》す中《なか》に、速須佐之男命《はやすさのをのみこと》、命《よ》させし国を治《し》らさずて、八拳須《やつかひげ》心《むね》の前《さき》に至《いた》るまで、啼《な》きいさちき。其の泣く状《さま》は、青山は枯山《からやま》の如《ごと》く泣き枯らし、河海《かはうみ》は悉《ことごと》に泣き乾《ほ》しき。是《ここ》を以《も》ちて、悪《あ》しき神《かみ》の音《こゑ》は、狭蠅《さばへ》如《な》す皆満《みなみ》ち、萬《よろづ》の妖《わざはひ》悉《ことごと》に発《おこ》りき。故《かれ》、伊邪那岐大御神《いざなきのおほみかみ》、速須佐之男命《はやすさのをのみこと》に詔《の》りたまひしく、「何由《なにし》かも汝《いまし》は事依《ことよ》させし国を治《し》らさずて哭《な》きいさちる」とのりたまひき。

（古事記上巻、スサノヲの涕泣）

スサノヲは父であるイザナキの命令に従わずに泣いてばかりいたという。「八拳須《やつかひげ》」は長い顎鬚のことで、成人男性の象徴である。スサノヲの「啼《な》（哭）きいさち」は異常な幼児性を意味しているのである。その泣き声が、不毛と旱魃の世界をもたらし、それが招いた悪神どもの「声」がありとあらゆる災いをもたらした。声は身体の奥底から、腹や胸や喉や口など身体のあちこちに刺激を残しながら、生命の証しでもある息（命のことを「息の緒」という）とともに発せられるものであり、それゆえに古代人は、声そのものに霊魂を感じ、そこに霊的なエネルギーが存在すると考えていた。

次にスサノヲの場合と酷似した表現を持つ二つの記事を見てみたい。

故《かれ》、其《そ》の御子《みこ》（ホムチワケ）を率《ゐ》て遊《あそ》びし状は、尾張《おはり》の相津《あひづ》に在《あ》る二俣榲《ふたまたすぎ》を二俣小舟《ふたまたをぶね》に作りて、持ち上《のぼ》り来て、倭の市師池《いちしのいけ》、軽池《かるのいけ》に浮かべて、其の御子を率て遊びき。然《しか》るに是の御子、八拳鬚《やつかひげ》心《むね》の前《さき》に至《いた》るまで真事《まこと》とはず。故《かれ》、今高往《いまたかゆ》く鵠《くくひ》の声を聞きて、始めてあぎとひ為《し》たまひき。……亦、其の鳥を見たまはば、物言はむと思ほせしに、思ほすが如くに言ひたまふ事勿《な》かりき。是《ここ》に天皇《すめらみこと》患《うれ》ひ賜《たま》ひて、御寝《みね》しませる時、御夢《みいめ》に覚《さと》して曰《の》りたまひけらく、「我が宮を天皇の御舎《みあらか》の如修理《ごとをさめつく》りたまはば、御子必ず真事とはむ」とのりたまひき。如此《かく》覚《さと》したまふ時、ふとまにに占相《うらな》ひて、何《いづ》れの神の心ぞと求めしに、爾《そ》の祟《たたり》は出雲の大神の御心《みこころ》なりき。

（古事記中巻、垂仁天皇）

第十一代垂仁天皇の皇子ホムチワケにまつわる伝説である。「八拳鬚《やつかひげ》」云々はスサノヲと全く同じ表現であり、両者が同様の状態として設定されていると思われるが、ここでの異常性は「啼きいさちき」ではなく、「真事とはず」と表現されている。「言《こと》とふ」という言葉があるように、「とふ」は言葉を発する意味である。「真事」とは、意味を持った正真正銘の、真実を伝える言葉のことである。「言」に霊魂があり、ゆえに「言」が時に事実として実現し、またそれが未来の事実を予言していた古代において、「事」と「言」は同じであった。次に「あぎとひ」は、顎（あぎと）を動かす意味で、言葉にならない声を発する意味である。「あぎとひ」も「啼（哭）きいさち」も、意味以前の原始の声なのである。次に出雲国風土記のアヂスキタカヒコを見てみよう。

大神大穴持命《おほかみおほなむちのみこと》の御子《みこ》、阿遅須枳高日子命《あぢすきたかひこのみこと》、御須髪八握《みひげやつか》に生《お》ふるまで、夜昼《よるひる》哭《な》きまして、み辞通《ことかよ》はざりき。その時、御祖《みおや》の命《みこと》、御子を船に乗せて八十嶋《やそしま》を率《ゐ》て巡《めぐ》りてうらがし給へども、猶《なほ》哭《な》き止《や》みまさざりき。大神夢《いめ》に願《ね》ぎ給ひしく、「御子の哭く由《よし》を告《の》らせ」と夢に願ぎませば、その夜、「御子み辞通ふ」と夢見ましき。則ち《すなはち》、寤《さ》めて問ひ給へば、その時「御澤《みさは》」と申したまひき。その時「何処《いづく》を然《しか》いふ」と問ひ給へば、即《やが》て、御祖の前を立ち去り出でまして、石川を度《わた》り、坂の上に至り留まり、「是処《ここ》ぞ」と申したまひき。その時、其の水活《なが》れ出でて、御身沐浴《みみかはあ》みましき。

（出雲国風土記、仁多郡三澤郷）

アヂスキタカヒコも「御須髪八握《みひげやつか》に生《お》ふるまで」という同じ状態にある。これを見ると、哭いてばかりいることと、「み辞」の通わないことが、殆ど同じ意味であったことが分かる。そのアヂスキタカヒコが、父親の夢にあらわれた、おそらく神の通告どおりに、「御澤」という言葉を発し、彼が指し示した場所から実際に水が流れ出した事実によって、それが真の「言」（＝事）であったと証明されたのである。

ホムチワケの聾唖の原因は神の祟りであった。アヂスキタカヒコも、夢の予告の通りに言語を獲得したというのであるから、そこにも同じく神（登場人物である神とは次元の違う神）の存在を認めるべきである。哭くことを含め、意味になる以前の声は、神から発せられた信号であったに違いない。意味化以前の無秩序なままの声のエネルギーは、時に無秩序な世界をも招き、それは神の祟りとして恐れられていた。神からの信号を確実に受信し、それを「言」として認識することを通して、初めて神を正しく祭ることができるのであり、それを前提として古代のマツリゴトは成り立ち、共同体や国家は維持されていたのである。

三、童謡（わざうた）――神からの予告の声――

託宣や夢など様々なチャンネルを通して、神は信号を送ってくる。次にあげるのは、第十四代仲哀《ちゅうあい》天皇の皇后である神功《じんぐう》を介した託宣の場面である。

其の大后息長帯日売命《おほきさきおきながたらしひめのみこと》（神功）は、当時《そのかみ》神《かみ》を帰《よ》せたまひき。故《かれ》、天皇《すめらみこと》筑紫《つくし》の訶志比宮《かしひのみや》に坐《ま》しまして、熊《くま》曽国《そのくに》を撃《う》たむとしたまひし時、天皇御琴《みこと》を控《ひ》かして、建内宿祢大臣《たけしうちのすくねのおほおみ》沙庭《さには》に居《ゐ》て、神の命《みこと》を請《こ》ひき。是《ここ》に大后、神を帰《よ》せたまひて、言《こと》教へ覚《さと》し詔《の》りたまひしく、「西の方《かた》に国有り。金《くがね》銀《しろがね》を本《はじめ》と為《し》て、目の炎耀《かがや》く種《くさ》種《ぐさ》の珍しき宝、多《さは》に其の国に在り。吾今其の国を帰《よ》せ賜はむ」とのりたまひき。爾《ここ》に天皇答へて白したまひしく、「高き地《ところ》に登りて西の方を見れば、国土《くに》は見えず。唯大海のみ有り」とのりたまひて、「詐《いつは》りを為《な》す神」と謂ひて、御琴を押し退《そ》けて控《ひ》きたまはず、黙《もだ》して坐《いま》しき。爾《ここ》に其の神、大《いた》く忿《いか》りて詔りたまひしく、「凡《およ》そこの天の下は、汝《いまし》の知らすべき国に非ず。汝は一道《ひとみち》に向ひたまへ」とのりたまひき。是に建内宿祢大臣白しけらく、「恐《かしこ》し、我が天皇《おほきみ》、猶《な》ほ其の大御琴あそばせ」とまをしき。爾に稍《やや》に其の御琴を取り依せて、なまなまに控《ひ》き坐しき。故、幾久《いくだ》もあらずて、御琴の音聞えざりき。即ち火を挙《あ》げて見れば、既に崩《かむあが》りたまひぬ。

（古事記中巻、仲哀天皇）

「沙庭《さには》」とは神意を尋ねる神聖な庭のことであり、後に、神の声を聞き、神との対話をする霊能者をもサニハ（審神者）と呼ぶようになった。神懸りにあった者の発する声は、そのままではただの声でしかない。それがサニハを介して、「言」に変換された時、初めて神の意思が明らかになる。右の伝説は、引用部の後、神の教えに従った神功が新羅の支配を実現するという話に展開し、サニハを通した神の「言」が、真実の「事」であったことが証明される。仲哀天皇は、その神の「言」を認めずに琴を押し退けた。琴は神を寄せるための楽器である。サニハの進言に従って、彼が嫌々ながら琴を弾いた時に、神の意志として彼に死がもたらされたのである。

次にいわゆる「童謡《わざうた》」を取り上げたい。初めに皇極紀の例である。皇極朝には、蘇我入鹿の謀反事件があり、それに対応して幾つかの童謡があったと伝えられている。

蘇我臣入鹿《そがのおみいるか》、独《ひと》り謀《はか》りて、上宮《かみつみや》の王等《みこたち》(山背王などの聖徳太子の皇子達)を廃《す》てて、古人大兄《ふるひとのおほえ》を立てて天皇とせむとす。時に、童謡有《わざうたあ》りて曰はく「岩の上《へ》に　小猿米焼《こさるこめや》く　米だにも　食《た》げて通らせ　山羊《かまし し》の老翁《をぢ》」

(日本書紀、皇極天皇二年十月)

結局のところ謀反は失敗に終わり、後に童謡が以下のように解読される。

時の人、前《さき》の謡《わざうた》の応《こたへ》を説きて曰はく、「『岩の上に』といふを以ては、上宮《かみつみや》に喩《たと》ふ。『小猿』といふを以ては、林臣《はやしのおみ》に喩ふ。(林臣は入鹿ぞ。)『米焼く』といふを以ては、上宮を焼くに喩ふ。『米だにも、食げて通らせ、山羊の老翁』といふを以ては、山背王《やましろのおほきみ》の頭髪斑雑毛《みかみふふき》にして山羊に似たるに喩ふ。又其の宮を棄捨《す》てて深き山に匿《かく》れし相《しるし》なり」といふ。

(同右、二年十一月)

「童謡」は漢書や晋書など中国の史書に典拠があり、もともと中国で生まれた発想であった。「岩の上に……」の歌は、言葉の意味そのものは分かりやすい。訳してみると「岩の上で、小猿が米を焼いている。せめて米だけでも食べてお通りなさい、カモシカのお爺さんよ」となる。しかし、それが何を意味しているのかを論理的に解釈しようとすると全く分からない。そのうちに、入鹿の謀反という大きな事件が起こり、あの流行り歌がこの度の事件の前兆だったとして、意をもって解されるに至るのである。解釈は後から意味付けられたものに相違ないが、古代人はその歌を、子供の口を借りた神の予言と考えたのである。そもそも幼い子供たちの間の流行り歌（わらべ歌）には、意味不明のものがある。それでも子供達はだれもがその歌を知り、口ずさんでいる。これは今に伝わる「かごめかごめ」でも「ずいずいずっころばし」でも同じである。部分的には確かに日本語として意味を為すが、全体を通した歌の意味は分からない。それについて、「実は昔、何とか村に伝えられていた悲しい習俗の歌だった」とか、「不幸な子供達の記念碑としての歌だった」などと、無理に意味付けしようとするのも昔と変わらない。ただ、古代人の場合、そこに神の存在を見るのである。ぎりぎり意味をなしているかのような歌は、神の発した何らかの信号に他ならなかった。それを正確に「言」として理解するのは、マツリゴトの執行者に欠かすことの出来ない霊能だったのである。次の崇神記の記事はそのことを示している。

大毘古命《おほびこのみこと》、高志国《こしのくに》に罷《まか》り往《ゆ》きし時、腰裳《こしも》服《き》たる少女《をとめ》、山代《やましろ》の幣羅坂《へらさか》に立ちて歌《うた》曰ひけらく、

御真木入日子《みまきいりびこ》（崇神）はや　御真木入日子はや　己《おの》が緒《を》を　盗《ぬす》み殺《し》せむと　後《しり》つ戸《と》よ　い行《ゆ》き違《たが》ひ　前《まへ》つ戸《と》よ　い行《ゆ》き違《たが》ひ　窺《うかが》はく　知らにと　御真木入日子はや

とうたひき。是《ここ》に大毘古命、怪《あや》しと思ひて馬を返して、其の少女に問ひて曰ひしく、「汝《いまし》が謂ひし言《こと》は何言《なにこと》ぞ」といひき。爾《ここ》に少女答へて曰ひしく「吾は言《ものい》はず。唯歌《ただうた》を詠《よ》みつるにこそ」といひて、即《すなは》ち其《そ》の所如《ゆくへ》も見えず忽《たちま》ち失《う》せにき。故《かれ》、大毘古命、更《さら》に還《かへ》り参上《まゐのぼ》りて、天皇に請《まを》す時、天皇答へて詔《の》りたまひしく「此《こ》は

為《おも》ふに、山代国《やましろのくに》に在《あ》る我が庶兄建波迩安《まませたけはにやす》王《のおほきみ》、邪《きたな》き心を起こせし表《しるし》にこそあらめ。伯父《おぢ》、軍《いくさ》を興《おこ》して行でますべし」とのりたまひて……　（古事記中巻、崇神天皇）

童謡の形式を使って作られた説話であるために、歌の内容は崇神暗殺計画そのものとして理解できるようになっている。歌を詠じた「少女」には名前もなく、どこからともなく現れ、どこへともなく消えてゆく。子供はより神に近いと言われる。しかも、不特定で無責任であるところが、童謡として相応しい。また、少女が現れたのは「坂」である。「坂」は堺に通じ、国と国、世界と世界の境界である。例えば、地上世界と黄泉《よみ》の国との間には「黄泉比良坂《よもつひらさか》」があり、同じく海の世界との間には「海坂《うなさか》」があった。異界へ赴くことはもちろんであるが、国境を越えることも、異なる神の領域に入ることを意味した。だから「坂」とは最も不安定な、未知の神々と遭遇しやすい場なのである。前にあげたアヂスキタカヒコの「御澤」が「坂の上」に現れたのも偶然ではない。

さて、少女は「謂ひし言は何言ぞ」と聞かれて、「言」ではなく「唯だ歌を詠」んだだけだと答えた。少女にとっても、大毘古命にとっても、それは未だ意味以前の声でしかなく、天皇によって初めて「言」として理解されたのである。日本書紀の崇神条にもほぼ同様の伝承があって、そこでは優れた予知能力を持つヤマトトトビモモソヒメを通して、天皇に「言」が伝わることになっている。いずれにしても、神の声を「言」として理解したことで、謀反を未然に防ぎ、天下の統治権が維持されたのである。

四、書かれた「声」の神話

ごく簡単にではあるが、古代の神話伝説の中から、「声」や「言」の意味を見てきた。実は、神話の伝承そのものが、「言」を「声」の力で伝える言語活動なのであった。

神は見ることも出来ないし、その声を直接に聞くことも出来ない。いわば人間の五感の届かないところに存在するものである。その神の事跡や、神の発言を、「言」に変換して伝えるのが神話である。どのように宇宙が成り立ち、どうして人間は生まれ、そして死に、何ゆえに我々がここに村落を営んでいるのだろうか。古代人はそうした疑問に対する解答を、多く神話に求めていた。「人が死ぬのは、かつて我々の祖先が、永久不変の『石』ではなくて、はかない『バナナ』を食料として選んだためなのだ」とは、インドネシアを中心に分布する「選択型（バナナタイプ）」の死の起源神話であり、記紀のコノハナサクヤビメ神話の素材もこの型に属していたはずだ。神話は人の生き死にまでを決定していた。人にとって神話は絶対なのであった。この点が昔話と根本的に異なるのである。昔話は「むかしむかし或るところに」で始まり、「……だとさ」で終わったりするように、無責任であるところに意味がある。「むかし」とは、「向か岸」を語源とし、今と対極の遠い過去を意味する語である。それに対して「いにしへ」は「往にし辺」（通ってきたところ）を語源とし、今にまで続く遠い過去を意味している。これは単なる言葉の問題ではなく、遠い過去に対して二通りの概念があったことを意味する。神の行動や発言が、今を規制し、今に責任を持つところの神話は言わば「いにしへ」の話であり、それが真実（真事＝真言）であることを、遠い神話時代から続いている今の事実（例えば人が死ぬという事実）が証明しているのである。

はじめに述べたように、かつて神話は口承されていた。神話には「声」という霊魂の力が必要なのであった。古事記・日本書紀や風土記類の神話は、内容からしても偽物の神話であるが、さらにそれらが書かれたものであることも忘れてはならない。しかし、偽物であっても、或いは偽物であればこそかも知れないが、「声」を持った本物の神話らしくあることが求められたのだと思う。和語の「言」として伝えるべき、神の言葉や神の仕草、つまり「事」を、外国の文字や文法で書き記すのは至難の業だったと容易に想像することが出来よう。古事記序文にはその苦心のほどが述べられている。

上古の時、言意《ことばこころ》並《なら》びに朴《すなほ》にして、文を敷き句を構《かま》ふること、字に於きて即ち難し。已《すで》に訓に因《よ》りて述べたるは、詞《ことば》、心に及ばず、全《また》く音を以ちて連ねたるは、事の趣《おもむき》更《さら》に長し。是《ここ》を以ちて今、或は一句の中に、音訓を交へ用ゐ、或は一事の内に、全く訓を以ちて録《しる》しぬ。

（古事記序文、第三段）

こうして万葉仮名を含んだ和化漢文として古事記が記されることになったのである。それではここで、古事記の神話から、口承の神話らしき痕跡を最も残すとされる、アマテラスとスサノヲのウケヒ神話を紹介する。初めに原文を少しだけあげておく。句読点と返り点を施しておく。

故爾、各中二置天安河一而、宇気布時、天照大御神、先乞二度建速須佐之男命所レ佩十拳剣一、打二折三段一而、奴那登母母由良爾、此八字以音。下效此。振二滌天之真名井一而、佐賀美迩迦美而、自佐下六字以音。下效此。於二吹棄息吹之狭霧一所レ成神御名、多紀理毘売命。此神名以音。亦御名、謂二奥津嶋比売命一。次市寸嶋比上売命。亦御名、謂二佐依毘売命一。次多岐都比売命。三柱。此神名以音。

ところどころに一字一音の万葉仮名表記がある。「宇気布《うけふ》」は成否・白黒・正邪・明暗などを判断する日本古代に特徴的な卜占の一種を行うことである。「布斗麻迩《ふとまに》」など卜占にもさまざまあるが、ここはウケヒであることが通じなければならなった。「奴那登母母由良爾《ぬなとももゆらに》」は首にかけた勾玉の触れ合う音を表す。「塩許々袁々呂々迩《しほこをろこをろに》画鳴《かきなし》而《て》」（海水をこおろこおろと掻き回して。オノゴロ島生成条）など擬音語にはよく仮名表記が用いられた。「佐賀美《さがみ》迩迦美《にかみ》」は、口に含んで十分に噛むという神の行為を表すが、「伊都能知和岐知和岐弖《いつのちわきちわきて》」（威風堂々と道をかき分けかき分けて）、「宇岐士摩理蘇理多多斯弖《うきじまりそりたたして》」（意味未詳。以上天孫降臨条）など、何らかの呪術や祭式を反映したと思しき神々の行為や、「阿那迩夜志愛上袁登古袁《あなにやしえをとこを》」（何て素敵な男性でしょう。イザナキ・イザナミの結婚の条）など神々の発言にもよく仮名表記が用いられた。そうしてその仮名表記には、それぞれの初出時に「以レ音」という注記があり、声に出して読めるような工夫が施されているのである。これらは、書かれた神話を再び「声」の世界に引き戻す試みであったに違いない。次に割注を除いて、訓読文をあげておくので、一度、音読していただきたい。

故爾《かれここ》に各《おのおの》天《あめ》の安《やす》の河を中に置きてうけふ時に、

A 天照大御神《あまてらすおほみかみ》、先《ま》づ建速須佐之男命《たけはやすさのをのみこと》の佩《は》ける十拳剣《とつかつるぎ》を乞《こ》ひ度《わた》して、三段《みきだ》に打ち折りて、ぬなとももゆらに、天の真名井《まなゐ》に振《ふ》り滌《すす》ぎて、さがみにかみて、吹《ふ》き棄《う》つる息吹《いぶき》の狭霧《さぎり》に成れる神の御名《みな》は、多紀理毘売命《たきりびめのみこと》。亦の御名は奥津島比売命《おきつしまひめのみこと》と謂ふ。次に市寸島比売命《いちきしまひめのみこと》。亦の御名は狭依毘売命《さよりびめのみこと》と謂ふ。次に多岐都比売命《たきつひめのみこと》。

B1 速須佐之男命、天照大御神の左の御美豆良《みみづら》に纏《ま》かせる八尺《やさか》の勾璁《まがたま》の五百津《いほつ》の美須麻流《みすまる》の珠《たま》を乞《こ》ひ度《わた》して、ぬなとももゆらに、天《あめ》の真名井《まなゐ》に振《ふ》り滌《すす》ぎて、さがみにかみて、吹《ふ》き棄《う》つる息吹《いぶき》の狭霧《さぎり》に成れる神の御名《みな》は、正勝《まさかつ》吾勝勝速日天之忍穂耳命《あかつかちはやひあめのおしほみみのみこと》。

B2 亦、右の御美豆良《みみづら》に纏《ま》かせる珠《たま》を乞《こ》ひ度《わた》して、さがみにかみて、吹《ふ》き棄《う》つる息吹《いぶき》の狭霧《さぎり》に成れる神の御名《みな》は、天之菩卑能命《あめのほひのみこと》。

B3 亦御鬘《みかづら》に纏《ま》かせる珠《たま》を乞《こ》ひ度《わた》して、さがみにかみて、吹《ふ》き棄《う》つる息吹《いぶき》の狭霧《さぎり》に成れる神の御名《みな》は、天津日子《あまつひこ》根命《ねのみこと》。

B4 又、左の御手《みて》に纏《ま》かせる珠《たま》を乞《こ》ひ度《わた》して、さがみにかみて、吹《ふ》き棄《う》つる息吹《いぶき》の狭霧《さぎり》に成れる神の御名《みな》は、活津《いくつ》日子根命《ひこねのみこと》。

B5亦、右の御手に纏《ま》かせる珠《たま》を乞《こ》ひ度《わた》して、さがみにかみて、吹《ふ》き棄《う》つる息吹《いぶき》の狭霧《さぎり》に成れる神の御名《みな》は、熊野《くまの》久須毘命《くすびのみこと》。

并《あは》せて五柱《いつはしら》なり。

（古事記上巻、二神のウケヒ）

煩を厭うことなく、同じ詞章が繰り返されるのは、口承された神話の特徴である。内容の伝達を第一として書かれた文章ならば、きっとこうはならないだろう。

さて、よく分析してみよう。Aはアマテラス、Bはスサノヲの行為である。Aでは三段に折った剣から三柱の女神が誕生している。ここに詞章の繰り返しはない。また女神の別名を紹介する記事にも、口承とは相容れない説明的な性質がある。神の名は、その神の機能や性格そのものを表している。神は、「こんな神がいるだろう」「こんな神がいて欲しい」という人々の頭の中で、神名とともに誕生せしめられた存在である。だから、神名が違うことはすなわち別の神であることを意味している。異なる神名を、実は同じ神の別名であったとするのは、多くの場合に、或る主題をもって創作された神話である。次にBである。「亦（又）」という接続詞によって、五つの文がつながれて、そこに同じ詞章の繰り返しがある。ただこれもよく見ると、B1の傍線部は、二度目からは省略されていることに気づく。つまりこの神話は、口承された神話の特徴を残しながらも、あくまで書かれた神話に他ならないということである。

最後に、出雲国風土記（七三三）から国引き神話を紹介しておく。ここでも、繰り返される詞章が「声」の跡を伝えている。前と同様にまず原文を一部だけあげておこう。出雲国風土記の神話には古事記以上に和文化された文体が認められる。

所三以号二意宇一者、国引坐八束水臣津野命詔「八雲立出雲国者、狭布之稚国在哉、初国小所レ作、故将二作縫一」詔而、「栲衾志羅紀乃三埼矣、国之余有耶見者国之余有」詔而、童女胸鉏所レ取而、大魚之支太衝別而、波多須々支穂振別而、三身之綱打挂而、霜黒葛闇々耶々尓、河船之毛々曽々呂々尓、国々来々引来縫国者、自二去豆乃折絶一而、八穂尓支豆支乃御埼。以レ此而、堅立加志者、石見国与二出雲国一之堺有名佐比売山是也。亦持引綱者、薗之長浜是也。……

（出雲国風土記、意宇郡）

返り点は論者の付したものであるが一見してその少なさが見てとれるだろう。殆どが和語の語順になっていて、上から下へと文字を追うことでそのまま文が読めるようになっている。仮名表記の割合が極めて高いことも一見して気づくところである。とりわけ「栲衾……」以下の繰り返される国引きの詞章（後述）において、それらの傾向が顕著である。当国風土記には、このように極度に和文化された文体もあれば、次のようなものもある。

【原文】　即河辺出湯。出湯所レ在、兼二海陸一、仍男女老少、或道路駱驛、或海中沿レ洲、日集成レ市、繽紛燕樂。一濯則形容端正、再沐則万病悉除。自レ古至レ今、無レ不レ得レ験。故俗人曰二神湯一也。

（出雲国風土記、意宇郡、忌部神戸）

【訓読文】　即《すなは》ち、川の辺《ほとり》に出湯《いでゆ》あり。出湯の在る所、海陸《うみくが》を兼《か》ね、仍《すなは》ち男も女も老いたるも少《わか》きも、或ひは道路《みち》に駱驛《つらな》り、或ひは海中《わたなか》を洲《す》に沿《そ》ひ、日に集《つど》ひ、市《いち》を成《な》し、繽紛《さか》りに燕樂《うたげ》す。一《ひと》たび濯《すす》げば則《すなは》ち形容端正《かたちきらぎら》しく、再び沐《ゆあみ》すれば則ち万《よろづ》の病　悉《やまひことごと》に除《い》ゆ。古《いにしへ》より今に至るまで、験《しるし》を得ざること無し。故《かれ》、俗人《くにひと》「神の湯」と云ふ。

いわゆる文選語を使い、対句を駆使して、六朝の美文さながらに土地の繁栄を讃美している。国引き神話の文体との違いは歴然である。古来からの伝承であるはずの神話と、風土記編纂の現在のおける報告記事との区別が明確になされていることが分かる。神話はやはり和語として「事」を伝える「言」でなければならなかったのである。

次に訓読文によって国引き神話の全体をあげる。

意宇《おう》と号《なづ》くる所以《ゆゑ》は、国引き坐《ま》しし八束水臣津野命《やつかみづおみつぬのみこと》、詔《の》りたまひしく「八雲立《やくもた》つ出雲の国は、狭布《さぬ》の稚国《わかくに》なるかも、初国《はつくに》小さく所作《つく》れり。故《かれ》、作《つく》り縫《ぬ》はむ」と詔りたまひて、「栲衾《たくぶすま》志羅紀《しらぎ》の三埼《みさき》を、国の余り有りやと見れば国の余り有り」と詔りたまひて、童女《をとめ》の胸鉏所取《むなすきとらし》て、大魚《おふを》の支太衝《きだつ》き別《わ》けて、波多須々支穂《はたすすきほ》振《ふ》り別《わ》けて、三身《みつみ》の綱打《つなう》ち挂《か》けて、霜黒葛繰《しもつづらく》るや繰《く》るやに、河船《かはふね》の毛々曽々呂々《もそろもそろ》に、国来国来《くにこくにこ》と引《ひ》き来縫《きぬ》へる国は、去豆《こづ》の折絶《をりたえ》より、八穂尓支豆支《やほにきづき》の御埼《みさき》なり。此《ここ》を以ちて、堅《かた》め立てし加志《かし》は、石見《いはみ》の国と出雲の国との堺《さかひ》なる名は佐比売山《さひめやま》是《これ》なり。亦、持ち引ける綱は、薗《その》の長浜《ながはま》是なり。亦、「北門《きたど》の佐伎《さき》の国を、国の余り有りやと見れば国の余り有り」と詔りたまひて、童女《をとめ》の胸鉏所取《むなすきとらし》て、大魚《おふを》の支太衝《きだつ》き別《わ》けて、波多須々支穂《はたすすきほ》振《ふ》り別《わ》けて、三身《みつみ》の綱打《つなう》ち挂《か》けて、霜黒葛繰《しもつづらく》るや繰《く》るやに、河船《かはふね》の毛々曽々呂々《もそろもそろ》に、国来国来《くにこくにこ》と引《ひ》き来縫《きぬ》へる国は、多久《たく》の折絶《をりたえ》より、狭田《さだ》の国是なり。亦、「北門の良波乃の国を、国の余り有りやと見れば国の余り有り」と詔りたまひて、童女《をとめ》の胸鉏所取《むなすきとらし》て、大魚《おふを》の支太衝《きだつ》き別《わ》けて、波多須々支穂《はたすすきほ》振《ふ》り別《わ》けて、三身《みつみ》の綱打《つなう》ち挂《か》けて、霜黒葛繰《しもつづらく》るや繰《く》るやに、河船《かはふね》の毛々曽々呂々《もそろもそろ》に、国来国来《くにこくにこ》と引《ひ》き来縫《きぬ》へる国は、手染《たしみ》の折絶より、闇見国《くらみのくに》是なり。亦、「高志《こし》の都都《つつ》の三埼《みさき》を、国の余り有りやと見れば国の余り有り」と詔りたまひて、童女《をとめ》の胸鉏所取《むなすきとらし》て、大魚《おふを》の支太衝《きだつ》き別《わ》けて、波多須々支穂《はたすすきほ》振《ふ》り別《わ》けて、三身《みつみ》の綱打《つなう》ち挂《か》けて、霜黒葛繰《しもつづらく》るや繰《く》るやに、河船《かはふね》の毛々曽々呂々《もそろもそろ》に、国来国来《くにこくにこ》と引《ひ》き来縫《きぬ》へる国は、三穂《みほ》の埼《さき》なり。持ち引ける綱《つな》は夜見《よみ》の嶋なり。堅《かた》め立てし加志《かし》は伯耆《ははき》の国なる火神岳《ひのかみだけ》是なり。「今は国は引き訖《を》へつ」と詔りたまひて、意宇の杜《もり》に御杖衝《みつゑつ》き立てて、「意恵《おゑ》」と詔りたまひき。故《かれ》、意宇《おう》と云ふ。

（出雲国風土記、意宇郡）

国引き神話の内容は、オミヅヌという神が、出雲の国の小さいことを嘆き、新羅や越などの国々の一部を分断し、それに綱をかけて引き寄せて、出雲に島根半島を縫い付けたという壮大なスケールのものである。島根半島を四つのブロックに分けて、付け根に当たる支豆支《きづき》の御埼《みさき》（現在の日御碕《ひのみさき》）から、先端の三穂《みほ》の埼《さき》（現在の美保関）までを徐々に作り上げてゆく。その四回の国引きがほぼ同じ詞章の繰り返しで語られてゆくのである。多くの比喩が用いられているのも、この神話の特徴である。若い女性の胸のような生命力に溢れた鋤を手にとって、漁民が大きな魚の鰓《えら》を銛《もり》で貫くように土地をついて、猟師が仕留めた獲物を解体するように国を切り分けて、三つ編みにした丈夫な綱をかけて、河船がゆっくりゆっくり川を溯るように、「国よ来い、国よ来い」と言いながら、引き寄せてきたというのである。こうした比喩表現には、土地の人々の労働の経験が息づいていると言う。

しかし、よく考えてみると、これとて純粋な神話とは言い難いものがある。詳しい論考は別の機会に譲ることにするが、出雲国風土記の神話は、古事記や日本書紀に記された中央の神話を多分に意識して作られている。一例をあげれば、記紀においてオホナムチ（大国主神）は、葦原中国《あしはらのなかつくに》（全国）の国作りを成し遂げた末に、その全権を高天原（天上界）の皇祖に献上するが、こうした国譲りの神話が、形をかえて当国風土記に掲載されているのである（意宇郡母理郷・楯縫郡総記）。出雲の神が、自ら作り上げた国を、他の系統の神に譲り渡すというような神話が、もともと出雲に伝承されていたはずはない。出雲国風土記は、中央の神話を甘んじて公認しながら、そこに譲ることの出来ない自己の主張を盛り込んでいったのである。当国風土記の国譲りにおいては、オホナムチが全国のほぼ全権を譲渡したとしながら、出雲一国だけは自らが守るという宣言をしているのである。

ここに紹介した国引き神話にも、記紀神話を容認した跡が認められる。冒頭の「初国小さく所作れり」には、具体的な内容までが記されてはいないが、中央の神話におけるイザナキ・イザナミの国生み神話を容認するだけの余地がある。他国の風土記を見ると、国土のあることは自明の前提として、小さな地域で繰り広げられる神々などの事跡ばかりが記載されている。風土記という地方レベル、さらにその素材となった小さな地域の神話は、国土全体という世界観には至らない。だから出雲の国引きは、古事記・日本書紀の世界観を視野に入れて、その上で出雲の神が自ら創造した空間があると主張すべく、出雲国造の立場で創造されたものであると思う。農耕民、漁労民、狩猟民、さらに河船労働に携わる人々が、共通に伝える神話など本来あるだろうか。それら様々な民族や職業集団を統括する国造が、国庁のある意宇郡に視点を置いて、仕上げた神話であるように思えてならないのである。一見素朴な同じ詞章の繰り返しも、よく見れば、国引きの最初と最後、つまり島根半島の東西の両端の場合にのみ、半島を本土に結い付けている綱のことがあり、それを繋ぎ留める杭のことがある。きちんとした計算のもとに作られた神話であると認めねばなるまい。

五、おわりに

小さな村落共同体が頂いていた純粋なる声の神話は、絶対的な神の事跡（事）を「言」として伝えていた。「言」は、社会を規制する力を持ち、共同体を秩序づける責任を負っていた。古事記や日本書紀という国家が頂く偽の神話も、それらを多分に意識しながら作られた出雲国風土記の神話も、そうした声の神話の力をもって、国家や国という作られた世界の「言」であらんことを目指していた。文献として残された日本古代の神話を声に出して読むとき、繰り返し上塗りされた、不規則な地層のような神話の歴史を、理性をもって理解するとともに、その地層の奥底から聞こえてくるかすかな声を感じることが必要だろう。繰り返される詞章のリズムに乗って、少々遠慮ぎみな声で読むのが、古代文献の神話に相応しい読み方であるかも知れない。

（早稲田大学・日本上代文学）

※古事記・日本書紀・出雲国風土記からの引用文は、それぞれ日本古典文学大系本（岩波書店）によった。但し、一部字体を常用漢字に改め、訓読文において万葉仮名を平仮名表記にし、割注を省略したところがある。訓み仮名、返り点、傍線、括弧内の注などは全て論者が施したものである。

第二章

何のために――『平家物語』群読の危うさ

大津　雄一

一、「群読」

群読、とりわけ『平家物語』の群読を、国語教育の場に「流行」させたのは、木下順二の戯曲「子午線の祀り」であろう。「日本古典の原文による朗読はどこまで可能か」という課題のもとに、平知盛を中心に人間と運命との格闘を描き出したこの戯曲は、一九六八年五月に、初め「『平家物語』による群読―知盛」と題して、「山本安英の会」によって岩波ホールで上演され、好評を得て、その後今に至るまで繰り返し上演されている。

群読とは、「複数の読み手による朗読のこと」であるという。[1] ただし、木下も言及しているがアジア・太平洋戦時下でも群読は行われていた。大政翼賛会文化部、日本文学報国会朗読研究会を中心として、「国民精神」の高揚のために古典の一節を用いたり、あるいは新たに「国民詩」を作ったりして、それを朗読する運動が盛んに進められた。

たとえば、大阪市立中学教諭で国民詩朗読研究家であった榊原美文は、「国民詩朗読の要訣」[2]において詩の朗読の効用を述べる。「単読」による朗読は熟練を要する難しい朗読形式であって、何かの催し物などで、素人が壇上で読む場合には、叙情的な作品を単読形式で読むことを避けてなるべくリズミカルな力強い詩を「群読」によって読むのがよいとして、吉田嘉七軍曹の「歩兵前進」という詩を使った実践の例をあげる。榊原は、ある公演の会場で、五十名の中学生を十名・十名・三十名の三組に分けて、分担して朗読させ、三十名の組は聴衆席の最後列に立たせて、「前後相呼応して聴衆を包み込み、リズミカルなそして漸層的に盛り上がる読みかたでこの詩に躍動する火のような気魄を、聴衆の心に響かせよう」としたという。そして、教室においての詩朗読は、「教師の趣味や生徒の息抜きとしてではなく、最も厳格な訓練として行はれるものでありたいといふのが、私の希望です」と、述べる。

大政翼賛会が一九四三年五月に出版した『朗読文学選・古典編（明治まで）』は、朗読に適する作品を、放送を通して一般に懸賞募集し、その結果選ばれた文章を集めたものだが、そこには『平家物語』から「粟津ヶ原」（『源平盛衰記』からの引用）と題して木曽義仲の最期と、「日本武士道」と題して、那須与一の扇の的の話から源義経の弓流しの話までとが採られている。その他には、『古事記』から倭健命の話、『古今和歌集』の「仮名序」、『太平記』から楠正行が吉野へ参向する場面、吉田松陰の妹への書簡、佐久良東雄という幕末の勤皇家の息子への遺訓、『神皇正統記』から人臣の道を説く部分が採られている。これらのうち、現在の教室で、朗読や群読がそれを目的として試みられるのは、おそらく「木曽最期」と「那須与一」だけである。

もちろん、現在の教育現場において、「国民精神」の涵養のために群読が行われることはないだろうし、「武士道」を学ぶために『平家物語』の群読が行われることもないだろう。ではいったい何のために群読するのか。群読の実践者はそれに自覚的でなければならない。なぜなら、戦時下において機能したように、群読には感情を高揚させ、ある特定の「教育」をする力が確かにあるからである。とりわけ『平家物語』を素材とする際には、戦争という暴力を扱っているというその内容からしても、明治近代以降「国民的文学」と称されて国民のあるべき教養として教育されてきたその経緯からしても、[3]常にある危うさがつきまとわざるをえないのだ。群読が内包する危うさと、『平家物語』が内包する危うさ、この二つが出会うのである。その危うさに自覚的であることが、教室で『平家物語』を群読する際の前提であると思う。そうでなければ、知らぬうちに榊原美文と同じ振る舞いをしかねない。

二、感動

「子午線の祀り」の影響を受けて、群読が国語の授業に取り入れられていくことになる。大村はまの実践や、家本芳郎などの実践が行われ報告されるが、[4]群読を理論化したのは高橋俊三であろう。高橋は、朗読の教育的効果を次のようにあげる。[5]

①　子どもたちが容易に作品世界にひたることができる。
②　黙読で得るよりも原初的で根元的な感動が得られる。
③　内容理解だけでなく、叙述表現に対する目も開かれる。
④　日本語の持つ美しい響きを感じとることができる。
⑤　人の言にじっと耳を傾ける、聞く姿勢ができる。
⑥　教師と子どもが一体化し、一つの世界を共有することができる。
⑦　感動ある授業、楽しい授業をつくることができる。

そして、群読には、これに加えてさらに三つの教育的効果が認められるとして、群読を分担するためのグループ学習における⑧「学び合い」、朗読の不得意な子供も巻き込む力を持ち朗読では達成できない相乗的な盛り上がりを得ることができるという⑨「響き合い」、そして他者の声に耳を傾けるという⑩「聞き合い」の効果をあげる。

高橋は、⑥の「教師と子どもが一体化し、一つの世界を共有することができる」や②の「黙読で得るよりも原初的で根元的な感動が得られる」、⑦の「感動ある授業、楽しい授業をつくることができる」に見られるように、クラス全体が一体となり、感動を得られることに朗読・群読の教育的効果を想定している。

たとえば大村はまは、中学三年生を対象とした『平家物語』「祇園精舎」「足摺」(「赦文」の一部を含む)の朗読・群読の指導について次のように報告する。

上手下手を第一の着眼点にしないでひたすらに朗読する。くり返しくり返し、朗読する。全員で、指導者もまじって朗読する。生徒にまじってする朗読や、ごく短く気持ちなどをそえる言葉で、それとなく、みんなに、意味も気持ちも伝わっていく。口語文に直したものでは伝わらないものが伝わっていくようであった。朗読しながら涙をこぼしているのを見た。

ここには、教師と生徒とが一体となってひたすら朗読を繰り返すことにより、感動が高まって行く様が語られている。「朗読しながら涙をこぼしているのを見た」とあるが、その生徒の涙は、繰り返し朗読することによって文章の意味がなんとなくわかったから、あるいは「口語文で直しては伝わらないものが伝わって」いったからということもあろうが、声を発する快感の累積と教室全体が一体化して盛り上がったことからくる高揚感からの涙でもあったのではないのか。

中川鈴江は、中学三年生を送る会で、二年生に「那須与一」の群読を行わせ、これに加わったS子の感想を、今日の三送会は最高だった。三年生だけでなく、赤羽中学全体が楽しめた。私たちの群読で、先輩たちはびっくりしていました。泣いてくれた先輩もいました。冒頭文が終わって拍手がきた。あっ、伝わったのかな、って思った。先生も含めて、学年全体が一つになった。二年みんなでやったんだ。

と、紹介し、それを「表現する喜びと充実感が、あふれている」と記す。[6] 国語の授業ではなく学校行事として行われたからそうなるのも自然と言えるが、これなどは、明らかに『平家物語』の扇の的の話から来る感動ではなくて、一体化して物事を成し遂げたことに対する感動であり、教師もそれを求めていたことになる。

群読には、集団的高揚感を与える機能が確かにある。というよりは、それを求めて群読という方法が生み出されたというのが適切であろう。

三、訓　練

群読の指導の実際を、高橋俊三は、次のように記す。[7]

名前を呼ばれたらきちんと立つ。ひと呼吸しておもむろに読み始める。読み終える。ひと呼吸してから静かに（ほんとうに静かに）座す。——たとえ教室ではあっても、きちんとした朗読の〝場〟をつくってやりたい。実は、学級のほぼ全員にこれを徹底させるには、意外な期間が必要となる。最低でも一学期と見ておいたほうがよい。

侮るなかれ。これは、朗読に対する各自の態度（姿勢や構え）をつくることなのだ。技術を身につけさせる前に、こうした基本的な態度を育てておくことが大切であると思うのである。

朗読・群読を成功させるには、前提として一学期間の身体的訓練が必要だと言うのである。

中川鈴江は、先の実践を、

練習後に毎時間感想を書かせると、他のクラスの群読と自分たちの群読を聞き比べ、自分たちの表現の工夫点を指摘するA子のような生徒や、読み取りの甘さに気づいたE男のような生徒がたくさん出てくる。その指摘を次の時間に紹介する。そして、工夫点は、納得するまで練習をくり返す。ここで教師は、甘い表現に妥協しないことである。学年の生徒全員対教師一人では、「もうこれくらいでいいかな。」と生徒たちに負けそうになるが、絶対に譲ってはいけない。群読が緩む。学年百人の群読が、きりっと締まって初めて学年の団結や絆も深まるからである。わかりやすく言えば、国語科の教師というよりも、鬼の演出家に豹変し、その役に徹するのである。……行事で行う学年群読と国語の授業で行う群読は、育てようとする力が違うかもしれない。……しかし、授業とは別に一度学年群読の感動を味わうと機会があれば是非またやってみたいと思うほど、行事で行う群読には素晴らしい力がある。

と報告する。鬼の演出家に豹変して、妥協することなく練習を繰り返し、群読が緩まないように指導して引き締まった群読を完成させ、その結果、団結力と感動がもたらされたと報告するのである。私は、中川の教師としての熱意、善意とその結果得た感動を疑わない。しかし、そこには、生徒たちを統御したいとの欲望と統御しえたことに対する教師としての満足が、垣間見えてならない。

七〇年代以降の国語の授業における朗読・群読の実践において、さすがに集団的な訓練が標榜されることはない。たとえば、高橋俊三は、「教室における群読は、他者の読みが存在することを認識し、他者の読みに耳傾け、他者の読みに触発されて自己の読みを確立するということが、最大の目的であるのだ」と述べる(8)。群読は、決して個性を殺すものではなく、各個性が話し合い学び合って分読が確立し、それらがせめぎ合い響き合い、そして互いに聞き合うことによって成立するものだとも主張する(9)。そのような、配慮ある主張は、元来木下順二の主張するところであり、戦時下の群読の悪弊を排除するためであったろうし、現在の群読の実践報告のいたるところに確認することができる。

また、厳しい集団的訓練をすることは不必要だと、私は言いたいのではない。厳しい訓練を受けてこそ初めて成果をあげることができるのだという経験も子供たちには必要である。学校は、社会的な規律・訓練の場でもある。だから、教師の統御への欲望を一概に悪いとは言えない。けれども、群読には、規律・訓練と統御への欲望を呼び寄せる力が内包されており、しかも訓練自体を目的として、教師の統御の欲望を満足させるためだけに群読が行われる可能性を排除できないということは確認しておくべきである(高橋や中川の実践がそうだと言っているのではない)。

戦時下の榊原美文も、詩の朗読・群読は「最も厳格な訓練でありたい」と言っていたことを、常に忘れてはなるまい。

四、本質との邂逅

高橋俊三は、朗読・群読の教育的効果の二番目に「黙読で得るよりも原初的で根元的な感動が得られる」ことをあげている。

木下順二は、「原文の持っているエネルギー――魅力といっても感動といってもあるいはうねりといってもいいかと思う――が感覚的にこちらをうってくるとき」、「そのとき初めて原文の本質的〝意味〟は、こちらに伝わって来たということになる。それは朗読を前提としない散文などの場合もそうだろうが、ことに、本来朗誦されるべきものである文章については、まさにそうなのである」と述べ、その際原文の意味は最低七割理解されていればよいと言う(10)。

群読ということではないが、栗原一登は、「つまり、わたしのいう〈暗唱〉は、新しいことば、未知のことば、真理と美しさに充ちたことばに向かって、自己を創造的に開発することである」と述べ、「このように美しいことばが、真理を語ったことばが、この世の中にあるのだということ、それはまたわたしたちの祖先や先人が残した言葉の遺産であることを理解させたいのである。それはモリエールのことば同様に（トリフォーの映画の中に、子供たちが意味も分からずモリエールの「守銭奴」を暗記している場面があることが紹介されている―稿者注）、現時点では不明のこともあり得る。それでいいのである」と記す(11)。

あるいは、杉山るり子は、「暗唱の取組が軌道に乗り出した頃に、朗読にも平行して、力を注ぎたい。なぜなら、音声で表現することは、その言葉本来の意味に、重みや、広がりを持たせて、豊かに味わうことが出来、言葉の理解に一層近づけさせられるからである。特に文学作品の内容理解には有効な学習法である」と述べ、朗読が、「文字にされた思想の奥に眠っているあらゆるものを叩き起こす」、「そこに閉じ込められている全生命をテキストから引き出す」というレオン・ブレモンなる人物の言葉を引用する(12)。

さらには、杉本圭三郎は、山崎裕子、速水博司との『平家物語』の教え方についての座談会「『平家物語』――その多様な指導法」において、「テレビでもＮＨＫの朗読か何かの会で、群読のところを指導しているものがありました。やはりああやって大勢で声を上げて読むと、自分自身が物語の世界の中を生き抜いていくような、体得していくような感じにもなりますから、おそらく中学生でも高校生でも興味を持ってくるんではないですかね。日本語の美しさというのは声を出すことで余計出てきますから」と発言し、「私も声を上げて、朗々と群読のような形で読ませることができたらいいと思います。そういう風に声を上げて読んでいくことで、作品の世界が直接自分のものになっていきますから、そういうのが一番大事ではないかと思います」と発言する。(13)

ここに横溢しているのは、声を出して読むことによって、たとえ若干意味はわからなかろうと、その作品あるいは言葉の「本質」や「真理」や「美」を体感することができるという確信である。しかし、それはいったいどんな根拠に基づいているのか。それを明瞭に説明した文章を私は知らない。単に、「声の現前性」の魅力に惑わされているだけのことではなかろうか。高橋の言う、「黙読で得るよりも原初的で根元的な感動」とは何か。ひょっとすると、声を出して読むことによって得られる身体的な快楽にすぎないのかもしれないではないか。高橋は、「原初的で根源的な感動」の内実を説明していない。

朗読・音読を推進しようとする人々の発言を見ると、やはりデリダの指摘した、ロゴス中心主義・音声中心主義を参照したくなる。語られた言葉、パロールこそが言語の本質であり、したがって、すべての表現の中で最も中心的なものであり、そこにおいて思考と声とが統一されており、真理が現前するはずだという素朴な「信仰」があるように思う。

木下順二に刺激を与え、『平家物語』群読のいわば震源地となった俳優山本安英は、

自分がまず声に出しますと、すでにひとつの決まったなにものかに縛られてしまう気がするんですね。自分の声が自分をいじめるもんですから、邪魔するもんですから、今度は黙読ということを考えだしたわけです。

（略）そして自分なりの共感や、また自然に持つ批判や、いろいろな感想、そういうようなことを大ざっぱにまず受け取りながら、黙って読んでみました。でももう一度また黙読を繰り返してみますと、さっきよりもう少し詳しくよみ落していた部分が分かってくる。そして自分に興味が持てる部分などを本当に一人ごとみたいな囁き声で、自分の声が自分でちっとも気にならないような声で声に出してみたりしはじめます。

と、述べる。[14] 山本は、さすがに声の持つ抑圧性に敏感である。けれども、朗読や群読を教育の現場に積極的に導入した人々は、果たして山本のこの繊細さを継承しているのだろうか。

たとえば、吉永幸司は、朗読・音読の指導について述べる中で、

国語教育の反省事項として次のような事例もある。「総合的な学習の時間」のまとめの段階で、調べたことの発表会が行われた。模造紙に丁寧にまとめ、原稿もしっかり書いているのだが、教室の最後尾まで聞こえないので、聞いている子も集中できず、途中から授業の緊張感が緩んでしまった。もし、大きい声で発表していたら、学習の成果を共有できたであろうと思うと同時に、もし、この子の声が大きかったらどれほど日々の生活が自信に溢れたものになっているだろうと思った。

声の大小は一人一人の生き方にも響く要因があると思うことが多い。その声を育てるのは国語科であり、音読・朗読という学習活動である。小学校の場合、音読を繰り返し教室の実践に取り入れている学級とそうでない学級は子どもの学ぶ意欲や学級の文化創造にも大きな関係があるように思う。（略）声に出すことをためらわず、楽しみにしている学級の子は日々を生き生き過ごし、自信を持って生活していると感じることが度々ある。中学校の授業を参観していても同じことを感じることがある。話し合いや調べてきたことを発表している

ような形式の授業では、生徒の個性のようなものは見えてこない。しかし、グループで音読・朗読をするような学習形態になると、声の張りとか大きさから、それぞれの生徒の生き方のようなものまで見えてくることがある。声から人間力まで垣間見えてくるのである。音読・朗読の指導は生き方を含め、人間力を育てる上で大事な役割を果たしているのである。

と述べる。[15] 声を出せる人間こそが、優れた人間であるという極めて単純で危うい発想がここにはある。声が人間としての本質・価値と安易に等号で結び付けられている。声を大きくはっきりと出して発言できることは、社会生活上便利ではある。しかし、それはその人の「生き方」や「人間力」とは別の問題である。これでは、極論するならば、演説の名手であったアドルフ・ヒトラーは、高い「人間力」を持っていたということになりかねない。ここにも素朴な「声」への信仰がある。

皆で一体となって声を出すことの楽しさを否定はしない。しかし、そこで得られるという「原初的で根元的な感動」の内実を吟味することなく、「言霊信仰」とでもいうべきプリミティヴィズム、あるいはロマンティシズムのもとに、生徒たちに朗読や群読を強いることには違和感を抱く。ありえないことと思いたいが、出会うべき本質が、「国民精神」や「武士道」や「日本国民の優秀さ」などというものに、いつ置き換えられるかもしれないのである。

五、『平家物語』である理由

群読の対象に『平家物語』が多く選ばれるのは——木下順二の「子午線の祀り」の影響ということもあるが——、よく言われるように『平家物語』の文章が、それが必ずしも語り物であったことによるのではなかろうが、音読してリズムが取りやすいことによるのであろう。しかも、内容は劇的で単純明快であるから、それ自体が劇的な行為である群読には、確かに適した作品である。

木下順二は、

ではなぜ〝群読〟か。古典の文体が持っている調子、うねり、エネルギーを表現するのに、ことに『平家』において、ソロよりもふさわしい方法として私たちの探し当てたのが〝群読〟であります。すなわち〝群読〟は、脚本朗読のように登場人物に応じてパートを割り振って読むというものとは違います。ことに『平家』のような語りものにおいては、作者はいつの間にか源氏側でありまた平家側であり、または天から全体の状況を眺めわたしている存在であったりします。複数の読み手の全体と部分を駆使しつつ、いかに語りものとしての『平家物語』を今日の聴衆へ伝達するかが、この〝群読〟の試みであります。

と、『平家物語』を群読する理由を、主としてその文体や叙述法に求める。(16)

高橋俊三も、

群読に適した作品は、およそ次の性格を持っている。

(1) 文体に、音声化するに適したリズムやうねりのあるもの。

(群読への導入に際しては、外在的にして明白なリズムやうねりのあるものがよい。)

(2) 複数の人物が登場するもの。

(群衆の登場するものは、なおよい。また、複数の人物が同一の主語となり、その言動が同一の述語になって、同時的に描かれているものはなおよい。）
（3）作品の語り手の視点（語り手の位相）が移り動くもの。
（視点の対象の移動や、視点となる人物の位置の移動の状況がはっきりととらえられるもの。）
（4）内容が思想的であるよりは、抒情的であるもの。更には、叙事的であるもの。
（この点、簡潔な表現であり、リズム性のある叙事詩が適している。）
（5）叙述が説明的であるよりは、描写的であるもの。
この点、『平家物語』は、群読に適している。とりわけ「那須与一」は群読への導入によい。

と、やはり文体や叙法を主たる理由としてあげる[17]。

しかし、それだけではないようである。高橋は、群読に適する作品をあげているが[18]、古典の項で採られているのは、『今昔物語集』から「馬盗人」と「保昌と袴垂」、『平家物語』から「足摺（俊寛）」「橋合戦」「河原兄弟（二度之懸）」「那須与一（扇の的）」、『枕草子』から「春はあけぼの」（『枕草子』）、『奥の細道』から「平泉」である。「春はあけぼの」を除き、古典の群読には、漢文訓読体の文章が求められていることがわかる。確かに、声の張りや強さを出すためには、漢文訓読体は有効であるにちがいない。古典の群読には、「男らしさ」が求められている。とするならば、『平家物語』は格好の素材となる。もちろん、合戦というその内容も男性的である。

高橋は、「那須与一」を読み分ける場合、平家が女子で、源氏が男子になることが多いと指摘し、その理由が、「雅な公家文化に平家方を読むのは女声がよいし、東国の荒くれ集団である源氏方を読むのは男声がよい」ということでほとんど一致することをも指摘し、「平家のほうが猛々しくて、源氏のほうが弱々しいとでもいうことになると、日本の歴史がひっくりかえってしまうことにもなりかねないのだ」と、述べる。この源平武士観の適否はここでは問わない。高橋は、声の質の違いについて言っているのだが、そこに「源氏＝勝者＝男性／平家＝敗者＝女性」という二項対立を読み取ることはたやすい。群読には、「男らしさ」を特権化し「女性的なもの」を周縁化するファロス中心主義（男根中心主義）が感じられてならない。その文体や内容が適しているということだけではなく、群読の背後にあるファロス中心主義が、『平家物語』を選ばせているのではないか。

そして、もう一つの背景として、戦後、石母田正や永積安明や谷宏らの「歴史社会学派」と呼ばれた人々が、ヘーゲル的進歩史観に基づいて、この物語を、武士道精神を涵養する反動的な「国民的叙事詩」から、古代貴族社会から中世武家社会へと移り変わる変革期の歴史を物語る進歩的な「国民的叙事詩」へと読み替え、この言説が広く流布したことがある。「子午線の祀り」が、石母田正が岩波新書『平家物語』で描き出した敗北の運命と戦う人としての平知盛に触発されたものであることは、木下自身が証言している。私はこの読み替えは誤りであると考えているが[19]、ともかくも、この読み替えにより、『平家物語』は、この国の歴史の進歩を表現し、変革期をエネルギッシュに生き抜いた人々の姿を典型的に描き出した稀有で健全な物語として、戦前と変わらず、古典教材の定番としてあり続けることができたのである。

これからの新しい日本を作る子どもたちが、明るい未来に向かって大きな声を揃えて読み上げるという風景を演出するのに、『平家物語』はふさわしい古典であると感じられたに違いない。

六、危うさ

高橋俊三は、「那須与一」の実践例を示すが、そこで、互いに敵の武将を、矢を当てる代わりに声を当てることによって、張り倒す、まさに圧倒する勢いで、ひとりひとりが読み上げるのだ。また、自軍の中では己が一番の武将だという自負と気迫をもって、最も目立つように、ひとりひとりが読み上げるのだ。それは丁度、その時代の武将たちが、目立つ手柄を挙げることによって、所領を安堵したように——一所懸命に、読み上げるのだ。

と記す[20]。群読の演出の方法としてこれは正しいのかもしれない。「那須与一」では、次の「弓流」の冒頭で与一が平家の武将を一矢で射倒す場面を含めなければ、人は死なない。しかし、『平家物語』ではたくさんの人間が死ぬ。その死の物語を教室で読むときに、敵を張り倒す勢いで、所領のために命を捨てる覚悟を持った武士のように読み上げろと、私には指導できない。高橋は、群読にふさわしい作品として、『平家物語』の巻九「二度之懸」の河原兄弟の話をあげていた。武蔵国の貧しい武士である河原太郎、次郎の兄弟が、先駆けの功名のために自殺のように討死する話である。所領と命とを引き換えにしなければならない貧しい武士の、まさに一所懸命の行動が描かれている。この話は確かに悲壮である。けれども救いようがなく残酷である。高橋にはその残酷さが見えていない。中世武士の置かれた悲惨な状況がここでは語られてもいるのだ。その物語を、単に劇的で悲壮感があるという理由から教室で群読させるのなら、それは、とうてい受け入れがたい。

『音声言語指導大事典』は、群読にふさわしい教材として『平家物語』巻九の「坂落」の章段を取り上げ、「坂落」の段の、試しに馬を崖から落とす義経の姿（「御曹司、城郭はるかに〜」）から、一ノ谷の海を朱に染めて平家敗走の描写（「朱になつてぞなみ伏したる〜」）までを教材化した。『平家物語』は、重厚なリズムと生き生きとした描写で、群読教材に適する部分が多いが、人馬の轟きも聞こえてきそうなこの場面では、迫力ある群読を楽しめる。

と記し、「また、ラストの「〜なみふしたる」にかぶせて、琵琶の音をいれるのも効果的である」と、書き添える。[21]

義経の坂落しの奇襲によって敗北した平家の武士たちは、沖に待つ船に助けを求めるが、あまりに多くの武士が乗り込んだので、大船三艘が転覆してしまう。そのため、身分のよいものは乗せてもよいが、卑しいものは乗せてはならないということになる。むろんそれでも、多くの者たちが、助かろうと船端に取りすがる。しかし、舟の上の人々に、手や肘を切り払われ、その手のない遺体が波打ち際に血に染まって並んでいるのである。原文で引用すれば、[22]「其後は、よき人をばのす共、雑人共をばのすべからずとて、太刀長刀でながせけり。かくする事とはしりながら、のせじとする舟にとりつき、つかみつき、或はうでうちきられ、或はひぢうちおとされて、一谷の汀にあけになッてぞなみふしたる」という場面を、琵琶の音をいれて感動的に教室で読み上げることをよしとする感覚を、共有できない。

群読からは離れるが、佐藤文宣は、おそらく「敦盛最期」に対するものであろう、

平和な世界に生きている私たちは幸せには違いないが、当時の人々の風雅を重んじる考え方や信念に基づいて行動する人間性など、忘れてはいけないものを学んだように思う。

という学習後の中学生の感想を紹介する。[23]しかし、平家の人々の戦場でも変わらぬ風雅と信念を教育することは、戦時下に、忠義という信念のもと危機にも動揺せず悠然と死を受け入れる武士道精神を教育したことと、どれほどの違いがあるのだろうか。

先に紹介した座談会で、速水博司は、

「木曾最期」は大部分の教科書が後半のほうを載せていますが、巴はすばらしいキャラクターですね。後半の主従の話は、最後の兼平が口にくわえて飛び下りるなんて、あれは圧巻ですね。いい教材だと思います。

と発言する。「木曾最期」を教えることに潜む危うさについてはすでに論じたことがあるが[24]、それはさておき、かつて高校の授業で、主人の義仲が討ち取られたことを知った今井四郎兼平が馬上で太刀先を口にくわえ、頭から落ちてその太刀に貫かれて自害するというこの場面を説明した時、「げ、気持ちわりい」と声を上げた生徒がいた。その、「気持ちわりい」という感想を、「圧巻である」という感想に書き換えることが、すぐれた教育だとは思えない。これは確かに気持ち悪いのである。

このような『平家物語』についての素朴でロマンティックな、ともすると前時代的な認識が蔓延している中で、この物語を群読することには、やはりためらいを感じる。

いや、これは物語であって現実ではなく、そのくらいのことを今の生徒はわかっているという反論も当然あろう。確かに、子どもたちは、ゲームの世界で大量殺戮を繰り返している。それを現実と混同する子どもはいるにしても少数だと主張することもできる。しかし、教室でそのような現実と迎合する必要はあるまい。

最悪の場面を想定してみる。生徒を統御したい支配したいという欲望を持った教師が、「本質」や「真理」や「美」との出会いがあるはずだと信じ込み、またそう教え込んで、厳格な訓練を施し、『平家物語』の悲惨な殺戮の話を群読させ、高揚して涙する生徒を見て、自らも涙しつつ、生徒を感動させ統御しえたことに満足の微笑を浮かべる。これは、悲惨な風景ではないか。

七、まとめ

繰り返し述べて来たように、声を出すことの楽しさを体験させ、声を出す力を養うことが大切だということにまったく異論はない。群読はそのための一つの有効な方法である。あるいは群読の過程で、集団的訓練を経験することも、社会を生きてゆく上に必要なことであるとは思う。朗読・群読のための準備作業が作品世界のより深い理解の一助になることについても認める。

しかし、そこに、統御への欲望や本質との邂逅という無根拠な確信がまとわりついているとしたら、それは危険である。そして、その対象が『平家物語』というイデオロギッシュで危うい存在であったとしたら、なおさらである。『平家物語』を群読や授業の教材として使うなと言っているのではない。また、平和教育の教材として使うべきだといっているのでもない。主人や所領のためなら死を恐れぬ潔く勇猛な武士がいたとして、まず、なぜ彼はそうなのかが論理的に説明されなければならないし、なぜ彼の物語が人々に好まれて来たかの理由が説明されなくてはならないはずなのだ。むろんそれは否定的な文脈においてにならざるをえない。しかし、現在の教科書出版社の指導書や多くの実践報告を見る限り、『平家物語』は、相も変わらず歴史の変革期を生きた人間の典型的な姿を無常観とともに歌い上げた叙事詩的作品なのである。

その危うさに無頓着に、『平家物語』を、劇場ではなく、読まない自由、聞かない自由が存在しない教室で群読させるというのは、私には受け入れがたいのである。実行するならば、よほどの準備と注意深い指導が必要なはずなのだ。

群読は確かにすぐれた教育的効果を持つが危うい。『平家物語』も美しい物語だが危うい。その危うさを常に自覚し排除する理論と実践が必要である。

（早稲田大学・日本中世文学）

【注】

（1）高橋俊三編『音声言語指導大辞典』明治図書出版、一九九九年、長谷部実執筆「群読」の項（九五頁）。

（2）榊原美文「国民詩朗読の要訣」野村政夫編『朗読研究』日進社、一九四四年。

（3）デイヴィット・バイアロック「国民的叙事詩の発見―近代の古典としての『平家物語』」ハルオ・シラネ・鈴木登美編『創造された古典―カノン形成・国民国家・日本文学』新曜社、一九九九年、大津雄一『軍記と王権のイデオロギー』翰林書房、二〇〇五年、大津雄一「『平家物語』とロマン主義」『軍記と語り物』二〇〇七年三月参照。

（4）大村はま「古典への門―平家物語によって―」『大村はま国語教室3』筑摩書房、一九九一年、実践は一九七四年。家本芳郎『合唱・群読・集団遊び』高文研、一九七九年。

（5）高橋俊三「群読という読み、およびその教育的効果」『月刊国語教育』一九九二年一二月。

（6）中川鈴江「学校行事と結びつけた群読の授業―各場面を各クラスで作り、学年でまとまり「平家物語―扇の的―」を完成させる」『月刊国語教育』一九九七年一月。

（7）高橋俊三「朗読・群読の出発点」『月刊国語教育』一九九二年一一月。

（8）高橋俊三「群読の指導技術」『月刊国語教育』一九九三年一二月。

（9）高橋俊三『群読の授業』明治図書、一九九〇年。

（10）木下順二「ことばの〝意味〟の意味について」『音楽芸術』一九六八年九月、引用は『木下順二集8』。

（11）栗原一登「「暗唱」することの喜びを」『演劇と教育』一九八六年一一月。

（12）杉山るり子「年間を通して音声学習に取り組む」『月刊国語教育』二〇〇四年一月。

（13）杉本圭三郎・山崎裕子・速水博司「『平家物語』―その多様な指導法」『月刊国語教育』一九八九年一二月。

（14）山本安英『ことばの勉強室2　きくとよむ』未来社、一九七四年。

（15）吉永幸司「人間力を育てる音読・朗読指導の工夫」『月刊国語教育』二〇〇四年一月。

（16）木下順二「『平家物語』による群読―知盛」について（再び）」「一九七四年度朝日賞贈呈式「祝賀公演」プログラ

ム」一九七五年一月、引用は『木下順二集8』。
(17) 注(9)参照。
(18) 注(9)参照。
(19) 大津雄一『軍記と王権のイデオロギー』翰林書房、二〇〇五年参照。
(20) 注(8)参照。
(21) 高橋俊三編『音声言語指導大辞典』明治図書出版、一九九九年、宗我部義則執筆「古典　軍記物語『平家物語』巻九「坂落」(群)」の項(二〇二頁)。
(22) 引用は、日本古典文学大系『平家物語・下』岩波書店、一九六〇年による。
(23) 佐藤文宣「群像を読むことで平家物語の世界に浸る」『月刊国語教育』一九九七年五月。
(24) 注(19)所収「義仲の愛そして義仲への愛」参照。

第三章

漢詩朗唱の可能性と問題点
――漢文教育の視点から――

内山　精也

一、現代中国における漢詩の「歌唱」

中国ポップスと中国古典詩歌

日本人にはあまり馴染みのない「詞」と呼ばれる中国古典詩のジャンルがある。九世紀、唐朝の後半期から作られ始め、一〇～一三世紀の宋朝において盛行した。「詞」は「曲子詞《きょくしし》」や「填詞《てんし》」という別称をもつ。前者はこのジャンルが「曲子」＝メロディーとともに歌われた歌詞であることを示し、後者はメロディーに合わせ「ことばを填め込む」ようにして作られた詩歌であることを示している。いずれの別称も、この詩歌が音楽と不可分の関係にあり、歌唱される「うた」であったことを示している。

とはいえ、なにぶんはるか古の「うた」であるので、当時のメロディーはほぼ全て失われ今日には伝わらない(1)。しかし、にもかかわらず、今日、中国の若者の誰もが口ずさむ宋代の「詞」がある。――北宋の詩人、蘇軾《そしょく》（一〇三七―一一〇一）が中秋の明月を愛でて作った「水調歌頭」という詞である。[2]

明《ミン》月《ユエ》幾《チー》時《シー》有《ヨウ》
把《バー》酒《チウ》問《ウエン》青《チィン》天《ティエン》
不《ブー》知《ヂー》天《ティエン》上《シャン》宮《コーン》闕《チュエ》
今《チン》夕《シー》是《シー》何《ホー》年《ニエン》
我《ウオ》欲《ユイ》乗《チエン》風《フォン》帰《コエ》去《チュイ》
惟《ウエイ》恐《コーン》瓊《チヨン》楼《ロウ》玉《ユイ》宇《ユイ》
高《カオ》処《チュー》不《ブー》勝《シエン》寒《ハーン》
起《チー》舞《ウー》弄《ノン》清《チィン》影《イーン》
何《ホー》似《スー》在《ツァイ》人《レン》間《チエン》
転《チユワン》朱《チュー》閣《クー》
低《ティー》綺《チー》戸《フー》

明月 幾時《いくとき》よりか有る
酒を把《と》りて 青天に問う
知らず 天上の宮闕《きゅうけつ》
今夕《こんせき》 是《こ》れ何《いず》れの年なるかを
我 風に乗りて帰り去らんと欲すれども
惟《た》だ恐る 瓊楼玉宇《けいろうぎょくう》の
高処にして 寒《かん》に勝《た》えざらんことを
起《た》ちて舞い 清影《せいえい》を弄《ろう》せば
何《なん》ぞ似ん 人間《じんかん》に在るに
朱閣《しゅかく》に転じ
綺戸《きこ》に低《た》れ

照《チャオ》無《ウー》眠《ミエン》　眠る無きを照らす
不《ブー》応《イン》有《ヨウ》恨《ヘン》　応《まさ》に恨み有るべからざるに
何《ホー》事《シー》長《チャン》向《シアン》別《ビエ》時《シー》円《ユエン》　何事ぞ 長《つね》に別時《べつじ》に向《あ》りて円《まど》かなる
人《レン》有《ヨウ》悲《ベイ》歓《ホワン》離《リー》合《ホー》　人に悲歓離合 有り
月《ユエ》有《ヨウ》陰《イン》晴《チィン》円《ユエン》欠《チュエ》　月に陰晴円欠《いんせいえんけつ》 有り
此《ツー》事《シー》古《クー》難《ナン》全《チュエン》　此《こ》の事 古《いにしえ》より全《まった》きなり難《がた》し
但《タン》願《ユエン》人《レン》長《チャン》久《チウ》　但《た》だ願わくは 人の長久に
千《チエン》里《リー》共《コーン》嬋《チャン》娟《チュエン》　千里 嬋娟《せんけん》を共《とも》にせんことを

千年近く昔の詩歌を現代人が鼻唄でうたう――このような奇跡が、なぜ現代中国で起きたのであろうか。その秘密を明かすと、近年の中国ポップスをリードした新旧二人の歌姫が、新しく現代風の旋律がつけられた「水調歌頭」を歌ったからである。その歌姫とは、テレサ・テン（鄧麗君）とフェイ・ウォン（王菲）[3]。現在四〇代以上の中年層はテレサの歌声で、三〇代以下の若年層はフェイの歌声でこの「歌詞」に触れ、それをくりかえし聴くうち、自然に諳んじて口ずさむようになった。

この事実は改めて我々に二つの大事なことを教えてくれる。一つは、中国古典詩が時空をたやすく飛び越える力を秘めているということ、他の一つは、「うた」というメディアのもつ強力な感染力、伝播力である。とくに後者については、洋の東西を問わず、すでに普遍的に共有されている常識といってよいかもしれない。だが、「黙読」中心の近代的読書形態に慣れ親しんだ我々が、ともすると見落としがちなポイントでもある。

漢詩を「歌う」伝統

もう一つ、現代中国における事例を紹介する。筆者はかつて中国において、老学者やその門弟が漢詩（古今体詩）を「歌唱」する場面に幾度か際会した。——とある宴会の席で老学者が李白の「将進酒」を朗々と歌った場面、高名な学者の弟子が直伝の歌唱法で唐詩の名篇を次々と披露した場面、地方出身の学者がその地方に伝わる独特の節で方言音によって宋詞を歌った場面……等々である。いずれも単なる朗唱ではなく、まぎれもない「うた」であった。

現在の中国では、七〇歳以上の高齢の方の中に、このような「歌唱」法を身につけた人が少数ながら存在する。流伝の経路は、代々つづいた知識階層の家庭で祖父母や両親から子孫に伝えられたというケースと、民国以前の伝統的教育を受けた老学者から教え子に伝授されたケースの、主に二つに分かれるようである。そして、この種の「歌唱」法は、特定の作品にだけ運用可能なのではなく、おそらくは幾通りかのメロディーパターンをもっており、複数の作品に対して臨機応変に適用可能なもののようであった。

この事例は、蘇軾の「水調歌頭」がＣＤやラジオ等のマスメディアに載って急速に広まったのと明らかに異なり、長期にわたって民間で受け継がれてきた伝統を背景にしている。もはや風前の灯火に等しい伝統とはいえ、唐宋の詩詞をもっぱら視覚的に鑑賞するばかりではなく、歌声で表現し耳で楽しむ伝統が細々とではあるが、今日なお中国には残っている。おそらく、民国成立（一九一二）以前においては、地方の書院（民間の私学）を中心に各地で広まり、地方ごとに異なる「歌唱」法が多種多様に存在したと思われる。

なぜ声によって表現するのか?

遠い昔、詩歌はまず「うた」であった。特定のメロディーとともに歌われることがかりになかったとしても、節をつけて吟詠し朗詠する対象として、詩歌はいつの時代にも存在していた。少なくとも、大衆文学と純文学とを峻別する近代文学の枠組みが確立し、「うた」のもつメディア力を「純文学的」詩歌が意図的に回避し、活字印刷による視覚的効果を第一に重視するようになる以前においては、ずっと変わらずにそうであったと断言してもかまわないであろう。

この点は、中国古典詩歌の世界においてより顕著である。紙媒体や印刷媒体が普及する以前の時代において、「うた」はもっとも強力なメディアであった。こういう認識は、各種メディアが一定程度普及した近世(宋～清)に入ってからも、中国では確実に受け継がれている。時代とともにメロディーは変わり、歌唱法も変化したであろうが、詩歌を歌おうとする姿勢は、前述したように一つの伝統として、世々受け継がれて今日に至っている。したがって、作り手の方も音声的効果を第一に考えながら、さまざまな工夫を凝らし、各表現を構想していたといってよい。

こういう事実を想起する時、我々が古代の詩歌、とりわけ漢詩を、ひたすら視覚に頼って鑑賞するという方法には、そもそも大きな限界のあることを認めざるを得ないであろう。声を出して歌唱、朗唱してはじめて実感可能な感動が、漢詩の中には無数に潜在しているのである。

とはいうものの、漢詩(古今体詩)は、中国という外国で今から千年以上昔に作られた形式であるから、作者と同じ発音で彼らの作品を朗唱することは、我々日本人のみならず、現代の中国人にとっても不可能である。後述するように、中国の南方方言の中に古い音が保存されている場合があり、そういう方言音で発音すれば、いくらか原音に近づくが、それでも李白や杜甫の頃の発音とは大分異なる響きのはずである。歌唱法についても、蘇軾の「水調歌頭」のようにポップスに変わった例を除けば、中国人ですら縁遠い存在に変わりつつある。

しかし、歌唱は難しいとしても、朗唱は我々日本人にも十分に実行可能である。では、いったい我々がどのように朗唱するのが、もっとも理に適った現実的方法なのだろうか。以下、この問題について、とくに学校教育という観点から考察してゆく。

二、漢詩は何語で朗唱すればよいのか？

「普通話」か「方言」か——中国の場合

漢詩は何語で朗唱すればよいのか？　この問いかけは、中国人にとっては愚問である。彼らは当然ながら現代語の音によって朗唱する。標準語（普通話）か方言か、という選択では、現在、標準語教育が普及していることにより、標準語による朗唱が一般化しつつあるようである。

現在、大陸には七大方言が存在する。もっとも多くの人口が話し、もっとも広範囲をカバーする北方方言（推定使用人口八億人／東北、華北、西南、江淮）の他、呉方言（八千七百万人／上海、江蘇、浙江一帯）、粤《えつ》方言（八千万人／広東、広西）、閩《びん》方言（七千万人／福建、広東の一部、海南）、湘《しょう》方言（六千五百万人／湖南、広東・広西の北部、四川の一部）、客家《ハッカ》方言（四千五百万人／福建・広東・江西の一部）、贛《かん》方言（三千百万人／江西、安徽、湖北の一部）の六系統の南方方言がある。北方方言は総じて標準語と近似しているが、南方方言は標準語とは相異なる音韻体系や語彙、語法をもち、各方言間の相互通用性も低く、それぞれ独立性が高い。

標準語教育の普及により、日常の会話は方言を用い、公的場面の会話や文章語は標準語を用いる、という使い分けが今日、全国的に一般化しつつある。その結果、とくに標準語との音韻的差異が顕著な南方方言地域では、自らが話す方言を瞬時に文字と結びつけ特定できる話者が激減してきている。[4]それはとりもなおさず、漢字を見て方言音によって朗読する能力が低下していることをも意味する。前節に記したように、南方方言の中には古い音韻体系が保存されてはいるが、このような事情から、方言の話者は通常そのことを認識する術をもっていない（彼らの認識では、自らが話す方言には、それに相当する漢字がないと思っている場合が多い）。彼らが漢字と結びつけ方言を話すようなるためには、一定の訓練や教育が必要となるが、現行の母語教育政策は全国統一の標準語教育のみを推進しているため、その実現は難しい。したがって、現在の中国でもっとも現実的かつ標準的な漢詩朗唱法は、標準語によるものである。

標準語は、北方方言に属する北京語を基礎として作られたものである。一方、漢詩（古今体詩）の各詩形は七世紀、唐の初期に完成し、当時の都長安の音を中心として構成された音韻体系（中古音韻）にもとづき、さまざまな格律が作られた。この音韻体系は漢詩（古今体詩）を作成する場合に限って、後々まで使用され続けたが、現実の中国語音は、近世に入ると大きく変化した。[5]たとえば、「四声」（四種類のアクセント）は古今を通じ音声的に漢字を特定する際に欠くべからざる要素であるが、唐代の音韻体系において四声の一つに数えられた「入声」音が、遅くとも一三世紀の元代までに、北方の音韻体系から消えてなくなっている。また、濁音も同様に北方音韻から消滅した。

したがって、標準語の発音によって漢詩を朗読すると、この種の音声要素はもはや再現できなくなっている。もしも諸条件が整い、南方方言による朗唱が可能となれば、南方方言にはおおむね「入声」音も濁音も保存されているので、唐代の音韻により近い形で漢詩の朗唱が可能となる。しかし他方、当該方言を使用しない者、とくに北方方言圏の人々にとって、それはほとんど未習の外国語に接するのと同様になり、発音上の困難のみならず、音声的に意味内容を把握したり実感することが事実上、不可能になるであろう。このように、標準語による朗唱は唐代の音韻から遠ざかり、南方方言によるそれは現在の多数派である北方方言圏の話者を置き去りにすることになり、それぞれ小さからぬ問題を内包している。

しかし、「リズムの不変性、発音の可変性」という有力な学説がすでに提示されているように[6]、かりに標準語によって朗唱しても、唐代のリズムは原則として再現可能である。なにより、義務教育の浸透にしたがい、標準語による朗唱を用いた漢詩の学習が大陸のどの地域においても一般化している現状を踏まえれば、中国におけるもっとも現実的で標準的な朗唱法は標準語によるものと結論づけられよう。

中国語音か訓読か——日本の場合

では、我々日本人は何語によって漢詩を朗唱するのがもっとも理に適っているのだろうか。主として、以下の四種類の選択肢がある。

Ⅰ. 現代中国語音　①　標準語
　　　　　　　　　②　南方方言
Ⅱ. 日本語音　　　③　漢字音（漢音）による直読
　　　　　　　　　④　漢文訓読

Ⅰの方法を用いれば、少なくとも原音のリズムを体感できるという点が保証される。さらに②が可能となれば、いっそう唐代の原音に近づくという利点が加わる。しかし、Ⅰの方法は、①であれ②であれ、我々日本人にはいずれも内容理解をまったくともなわないという点で大きな障害がある。朗唱とは聴覚的鑑賞法であるから、音声が意味につながらなければ、作品に感情移入するのはそもそも困難である。

②はともかくも、①の方法は、今日我が国でも中国語教育がかなり普及してきており、朗唱それ自体の実現はそれほど困難ではない。しかし、もし目で文字を追うことなく、もっぱら音声を頼りに鑑賞するということになれば、かなり高度な中国語能力が要求されることになる。大学の第二外国語教育における初級、中級レベルの口語能力ではとうていこの要求をクリアできない（中国語を母語とする人でも、古典の素養のない人には、聴覚のみの鑑賞は同様に困難である）。

Ⅱは、日本語の領域に属するものなので、いずれも実現は困難ではない。③の直読法は、工夫次第で、リズムを再現することも可能である。ただし、Ⅰの場合と同様、もっぱら聴覚に頼って漢詩の内容を把握することは期待できない。内容の伝わらない朗唱は、けっきょく感動にもつながらない。

そうすると、残るは漢文訓読による朗唱のみ、ということになろう。下の具体例をもとに考えてみよう。

葡萄美酒夜光杯　　ブドウのビシュ　ヤコウのハイ
欲飲琵琶馬上催　　のまんと　ほっすれば　ビワ　バジョウに　もよおす
酔臥沙場君莫笑　　よいて　サジョウにふすとも　きみ　わろうこと　なかれ
古来征戦幾人回　　コライ　セイセン　いくにんか　かえる

音読み部分はカタカナ表記で、訓読み部分はひらがな表記で示してみた。起句は七文字すべてを音読みで読むの

	原詩の音韻効果	原詩の意味伝達	朗唱の難易度
中国語標準語	○	×	△
中国語南方方言	◎	×	×
日本漢字音直読	△	△	○
漢文訓読	×	◎	◎

で、③の直読法にかなり近く、原詩の音韻的要素をかなりの程度再現できる。しかし、他の三句は訓読みがそれぞれ三字、五字、三字分混在し、しかも韻字の「催」と「回」が訓読みのため、原詩の音韻的要素の大部分が再現されない。しかし、意味内容については、かりに文字を伏せて聞いたとしても、おおむね理解可能であろう。

以上を総括すれば、①～③の三種は、原詩の音韻を重視する立場であり、三者は程度の差こそあれ音韻的要素をそれぞれ一定程度再現することができる。しかし、日本人にとってはいずれの方法も、聴覚のみでは意味を実感することが困難であるという共通の難点がある。一方、④は意味伝達という点では、もっともストレートに理解に直結している方法であるが、原詩の音韻的各要素は逆にほとんど再現できないという難点がある。それを表にすると、上のようになる。右二つの項目は、あくまで日本人にとっての相対的評価値であり、中国人の場合には当然異なる結果となる。なお、○は容易、×は困難であることを表している。

音声を媒介として、思いを伝達するのが、朗唱や朗読の目的である、という前提に立つならば、我々日本人にとって、もっとも理に適った方法は、漢文訓読による朗唱ということになろう。

原詩の音声的特徴を再現することがほとんど期待できないという大きな欠点をもつ訓読朗唱法ではあるが、学校教育という観点に立った場合、他の方法に代替できない、きわめて根元的な理由が浮上してくる。次節において、この問題について述べることにする。

三、「国語」としての漢詩漢文

学校教育における漢詩朗唱

初等、中等教育の現場で、漢詩の朗唱を実行するとすれば、それは「漢文」または「国語」という教科の中においてである。ここで見過ごしてならないのは、あくまで「国語」の範疇において、漢詩の朗唱が求められている、というもっとも基本的な要件である。

よって、標準語であれ南方方言であれ、現代中国語音によって漢詩を朗唱するという立場は、それが万一教室において実現可能であったとしても、本来の教育目標から大きく外れることを教師はまず認識しなければならない。もちろん、生徒の関心を高めるための補助教材として、現代中国語音による録音教材等を活用することは一向に構わないが、朗唱という行為を国語教育の一環として正当に位置づけようとするのであれば、中国語音によって朗唱を実践するというアプローチは、理念的には間違った方法論といわざるを得ない。

「漢文」はなぜ国語なのか?

現行の「国語」科の各分野の中で、「漢文」は明治の学制成立以来、「国語とは何ぞや」という原理的論議が起こるたびに、存廃争議の的となった学科であった。そして、国語科全体における漢文の比重は明治から大正、大正から昭和と時代が下るにつれ徐々に低下し、戦後は古典教育全体の地盤沈下とも相まって、いっそう存在感を薄くしている、といってよい。

その結果、教育の現場では、国語という教科で漢文を扱うことの意味が忘れ去られる傾向にさえある。「なぜ、漢文を教わらなければならないの」という生徒の問いかけに、自信を持って明確な回答のできる教師が徐々に減少してきているのではないだろうか。

通常、そういう問いかけに対して教師は、奈良平安期以来の仮名系文学における漢詩漢文の引用を具体例として挙げ、我が国の言語文化における影響の大きさを説く場合が多いようである。もちろん、それも重要な設置理由の一つではあろうが、生徒の側からすると、そもそもはるか彼方の昔話であって現実感に乏しく、かつまた往々にして「文化受容」の観点から語られることが多いため、いかにも受動的な印象しか持ち得ない。なによりも、現代国語との関係性が明確にされないため、結局は遠い過去において影響のあった「外来文化」の一つという印象を抱きがちである。

生徒たちの素朴な疑問を言い換えると、次の二つの疑問に集約することが可能であろう。すなわち、一つは「漢文は外来文化の受容という観点だけからしか語り得ない対象なのか」という問い、他の一つは「漢文ははるか遠い過去の時空に閉ざされた古代の遺物に過ぎないのか」という問いである。

前者については、明治大正に至るまで夥しい数の日本人が作った漢詩漢文の実例があることを示せば、それが単なる外来文化の受容というレベルに止まらず、日本の言語文化の一翼をも確かに担ってきた事実を容易に教えることができるはずである。後者については、近現代の言語現象の中に適切な回答を見つけるべきである。さらにいえば、近代国家日本の国語教育という枠組みの中で、現在につながる明確な理由を用意することが望ましい。その時に、もっとも有効な方法は、現行の「国語」という教科の枠組みが作られた時点に立ち返ることである。古くは明治時代にまで遡るが、今日に直接つながる国語科の転機は敗戦であるから、敗戦直後という時点に立ち戻る必要がある。

戦後なぜ「漢文」が存続したのか?

敗戦直後、小は仮名表記の問題（表音的〔現代〕仮名遣いの採用）から、大は文体統一の問題（言文一致への一本化）に至るまで、国語教育の内実が大きく変貌した。しかし、そういう顕著な変化が起きたのは、主として初等教育段階であって、中等教育、とくに高等学校の教育内容は、――敗戦直後の一時期、古典教育の廃止が叫ばれたけれども――結果的に戦前の枠組みと大きな異同のないまま実施されるに至った（もちろん教材の見直しや、時間配当の再検討はなされている）。すなわち、現代文・古文・漢文の三者を融合した「国語（甲）」、「国語（乙）」という総合分野と「漢文」分野という二分野によって再スタートし、戦後およそ一〇年間にわたってこの体制が維持された。これは、戦前の「和漢」もしくは「国漢」という枠組みをそのまま運用したものと解釈できる。一九六〇年以後、漢文を含めた古典の比重は、学習指導要領の改訂ごとに、漸次低下してゆくことになるが、少なくとも戦後一〇年間は戦前の枠組みがそのまま採用されている。

現代語の教育においては、「文語体＋歴史的仮名遣い」（文章語）から「言文一致体＋現代仮名遣い」（口語）へと大きな変革があったにもかかわらず、古典教育が戦前の枠組みをしばらくの間ほぼ保持しえたのは、敗戦当時、学習指導要領の策定に関わった有識者たちの国語に対する現状認識がそうせしめたのだと想像される。彼らはあるべき国語の理想を追いかけ国語教育の改革をドラスティックに推進したけれども、その方針が決定された当時にあって、それはまだ絵に描いた餅であった。その時、彼らの眼前にあった国語の現実は、戦前となんら変わりない世界である。しかも彼ら自身が共有した国語認識は、まぎれもなく戦前の教育によって培われたものであった。その国語認識とは、おそらく以下のようなものであったであろう。

それは、国語の主要な文体は、言文一致体の他に、少なくとも二種類あり、その二種類を自在に操れてこそ一級の国語表現者である、とする価値観である。その二種類とは、和文（擬古文）調文語体と漢文訓読調文語体である。

戦前の言説空間において、前者は主として情緒的内容をつづる際に用いられ、後者は主として理知的内容を盛り込む際に用いられた。とりわけ後者の漢文訓読体こそは、近代日本におけるハードな領域の言説を一貫して担ってきた文体である。国家的権威の下に公布される憲法、法律文、公文書類は敗戦に至るまですべてこの文体によって記され、民間においても知識層をターゲットとした新聞やオピニオン雑誌等のメディアは明治三十三年（一九〇〇）前後まではほとんどがこの文体を採用した（大正中期から、そのようなメディアでも言文一致体が趨勢を占めるようになる）[7]。結局このことが災いして、国家主義的な言説を煽った文体として、戦後は戦犯のごとく扱われ忌避されることにつながってゆくのであるが、敗戦当時の日本語の言説空間において、漢文訓読体の文語文はまだしっかり命脈を保っていたのである。

漢文訓読体文語文の淵源は、漢文の白文を読み下した訓読文から来ている。淵源を求めれば、平安朝の博士家による訓点、五山僧の訓点、江戸林家の訓点等々、遠い過去にまで遡るが、もっとも重要なポイントは、明治維新以降それらが整備されて、近代日本の文語文体の正格として位置づけられた、という事実である。戦前の「国漢」という国語科の体制は、二種類の文語文体とパラレルな関係にある。「国漢」という教科は、なにも古典を教養として学ぶためだけに設置されたわけではない。古典作品に学びながら、古典に根ざした正統的文章力を養う、という教育目標があったことを見逃してはならないであろう。そして、漢文科存廃の争議がたびたび起こったにもかかわらず[8]、結果的に旧制中学において「国漢」の枠組みが存続した理由は、なにも「進歩派」が「守旧派」の頑迷なる抵抗に屈したということだけではなかったに違いない。それぞれの時期における、国語の実態とそれを支える常識が廃止を踏みとどまらせたと考えるべきである。その常識とは、漢文をきちんと読めて理解できなければ、文語文の正格たる訓読体の文章は書けない、という考え方である。

明治から大正、大正から昭和と時代が下り、言文一致体の比重が徐々に高まるにつれ、文語文体二種の比重は徐々に低下していったと予想されるが、いずれにしても敗戦の前後、漢文訓読体文語文の重要性は誰の目にも自明のことであった。なぜなら、天皇の勅語がこの文体によって書かれていたからである。こういう国語認識が、戦後の国語科に「漢文」という教科を残す原動力として作用したと考えられる。

つまり、漢文という教科が現行の国語科の中に設置されたもっとも直接的な理由は、それが近代日本語（文章語）のもっとも主要な文体の一つを造り出したからであり、その文体を支える知的基盤として中国古典を学ぶことが不可欠と認識されたからに他ならない。もちろん、奈良平安朝以来の受容史と実作史がそれを可能にさせた前提となっていることは疑いようもない事実であるが、国語教育がもともと近代国家における国民創生のために用意された国家的装置であるという事実を振り返る時、明治維新の前と後では、かなり異なる価値意識が流れていると考えるのが妥当であろう。したがって、漢文という教科の設置理由も、明治以降の言語認識の中に求めるべきである。

「漢文」が問いかける国語の過去と現在

戦後社会は、戦前を意図的に語らず、なかば強引にその記憶を封印することによって、過去の歴史文脈から遊離し、過去に遡及することを拒みつづける畸形の歴史を構築してきた。その結果、戦後六〇年が過ぎた現在、戦前の言語空間を知る者は、一部の研究者を除いてほとんどいなくなった。敗戦直後のリアリティーも、とうの昔に忘却の彼方に押しやられてしまった。このことが、漢文の、国語としてのリアリティーをも喪失させている。戦前を語らなければ、漢文の「国語リアリティー」も見えてこない。しかし、日本社会はいまだに戦前を直視することを忌避し躊躇している。「漢文」の国語科における不安定な位置づけが、とりもなおさず、このことをもっとも象徴的に我々に語りかけているといってよいかもしれない。そして、漢文を国語の範疇から除外しようとする立場は、その理由と目的がどうであれ、戦前の国語国字論争と同質の、——戦後社会が忌避してきたはずの——偏狭なる民族主義的国語観へと帰着する可能性のあることを記しておきたい。

さらにもう一点だけ付言すれば、戦前の言説の罪科をあたかも漢文訓読体という文体に帰すかのようなとらえ方は、ことの本末を完全に転倒させた謬見である。明治の初期にこの文体が正格とされ用いられ始めたのには、二つの理由を想定できる。まず、言文一致体を用いようにも、明治政府発足の当初は口語＝方言であったから、話し言葉をそのまま表記すると、かえって相隔たる地域間の意思疎通が困難になるという、当時の言語事情があったであろう。一方、江戸後期以降、漢文および漢文訓読の教育は、武士階層の教養教育として、日本各地の藩校ですでにあまねく行われていた。そこで、全国あまねく通用する文体、すなわち「普通文」として、この文体の価値が着目されるに至ったと考えられる。

しかしながら当時、和文調の文体も巷間では広く行われていたはずである。それが「普通文」として採用されず、訓読体が「普通文」となったのには、第二の理由が必要である。それは、おそらく和漢二つの文体に対する当時の価値意識に起因している。漢文が為政者層の用いる上位の言語文化と認識され、和文調は庶民に近い文体と意識されていたからであろう。

とくに第二の理由は、この文体の運命を決定づけたといってよい。したがって、この文体が正格とされたのは、近代国家の言語空間において、その権威性が巧みに利用されたという側面が大きい。この文体本来の性格が戦前社会の歴史展開を決定づけたのではないことは、同じく正統なる文章語として漢文（文言文）を用いた清朝が、日本と全く正反対の歴史過程をたどった事実を想起すれば、直ちに理解されよう。文体と歴史展開の間に一定不変の因果関係など存在しない。文体に罪があるのではなく、むろんそれを利用した主体に罪がある。

現在、漢字（漢文）という存在を、排除したくとも排除できない「不可避の他者」とみなす言説がある。(9) しかし筆者は、それを日本語における「不可欠の自己」の一部に他ならないと考える。もしも国語の中にそのような位置を与えることができたならば、明治以来の日本人がとらわれてきた、フィクショナルな民族主義的言語観を超克し、ありのままの日本語を受け入れることができるようになるとも考えている。そしてその瞬間に、日本語はにわかに豊饒かつ多様な言語空間を獲得することになるであろう。漢詩漢文もしくは漢文訓読体のみが伝える、もう一つの日本の精神史が存在することを我々が忘却してはならないはずである。その意味を真剣に問い返すべき地点に、我々はすでに立っている。

「文語自由詩」としての訓読漢詩

話を本題に戻そう。我々は、漢詩をいったい何語で朗唱すべきかと問うのと同時に、我々の祖先はいったいどのように朗唱してきたのか、と問いかける必要がある。そう問いかけた瞬間に、我々は「国語」としての漢詩に向き合うことになる。そして、その答えは、訓読による朗唱である。――我々祖先の大多数は、漢詩を訓読によって朗唱し、また訓読によって自ら作詩していた。もちろん、訓読それ自体の内実は、時代間の相違や流派による相違、さらには個人差も存在して一様ではないが、平安以来、日本語として理解可能な形に変えて鑑賞・発想するという構えは同じであった。

そういう千年来の享受創作の歴史の末に、明治四十五年（一九一二）の官報によって訓読の表記法が定められ、学校教育の場ではこの訓読法が用いられ今日に至っている。現行の訓読法の特徴は、原文に最低限の加工（訓点）を施し日本語として理解可能な形に変えた逐語訳である。よって読み下したものは、漢語の比重が高く、和語たる付属語は必要最小限付加されるだけなので、そのことが和文と異なる硬質な響きと漂わせるとともに、あたかも「切れ字」が不断に現れるかのように、句の内外に余韻が生じ、独特のリズム感を生み出す効果をもたらしている。

今日、訓読された漢詩を、翻訳体日本語の変種と見なすのではなく、「文語自由詩として直訳された、明確な日本語詩歌の一ジャンル」と見なし、日本の詩歌史の上に、より積極的な位置を与えようとする論説もある。[10] その論説では、我が国の文語詩が、和歌や俳句等、主として定型律の詩歌形式を中心に発展したのに対し、訓読漢詩はその欠を補うべく自由律のジャンルとして、平安期以来、ずっと機能し、確固たる地歩を築いている、とも指摘されている。この指摘は、本稿の立場を日本詩歌史の側面から裏づけ補強している、といってよいであろう。「五七調」「七五調」以外にも、日本人が好んだリズムがあり、それを主として訓読漢詩が担ってきたわけである。

以上のように、漢詩を訓読によって朗唱することは、日本語の多様なリズムを体感することに直結している。

四、漢詩の朗唱がもたらす未来

前節では、過去の日本語の集積の中に、漢詩漢文をどのように位置づけるべきか、という観点から私見を述べた。漢詩漢文はいわゆる古典教材であるがゆえに、どうしても過去に遡及する話が中心となるが、ともすれば現在と将来にばかり心を奪われがちな若年層に、彼らが知らなければならない過去が存在することを教えるのも教育の重要な務めである。そしてその役割は歴史の授業だけが担えばよいのではなく、国語という教科もこれまで同様にその役割を担いつづければならないであろう。漢文という教科は、近現代日本人がともすると描きがちな単線的で単一的な民族観や国語観にことばの内側から内省と再考を迫るものであり、その点において重要な価値をいまなお内包している、といってよい。

「小—中—高」一貫教材の必要性

これまでに記した内容を踏まえ、これからの漢文教育、とりわけ漢詩文の朗唱、朗読に求められるポイントについて私見をまとめておきたい。

すでに別稿[11]においても指摘したことだが、漢詩漢文の朗唱を、現行の導入時期よりもっと早く、初等教育段階で導入し、「小―中―高」一貫のプログラムをいち早く作る必要がある。現行の古典教育は中学において初歩的な入門教育が始まり、高校に入ってから本格的に開始される。しかし、漢詩文の暗唱や朗唱等の言語活動を高校から始めるのは、あまりに遅すぎる。しかも実質的な教育効果を上げることも相当に困難である。なぜならば、高校の段階に達すれば、生徒の言語技術は相当に成熟し、論理的思考法もかなりの程度身についているので、一つ一つの学習行為に彼らが納得しうる明確な理由と目的が必要となるからである。しかし、彼らにとって古典作品はにわかに理解可能な対象ではないため、生半可な理解のまま朗唱を行わざるを得なくなり、理知的な満足感や達成感が得られにくい。しかも、古典であるがゆえに実用的効果も、彼らにとっては実感しづらい。この点が、現代文を用いた言語活動と大きく異なる点である。

その点、初等教育の段階では、そもそも国語教育は言語活動を中心としたプログラムが組まれているため、生徒の心理的抵抗はずっと低く、暗唱の適性もずっと高い。古典の朗唱の主たる目的が、日本語の多様なリズムに触れそれを体感することにあるのだとすれば、言語の発達段階がすでに成熟した段階に入った後よりも、感性が理性に先行する未成熟の段階にある方がより効果的であるのは自明の理である。作品理解にではなく、言語のリズムや語感の感受性を養うことに主眼を置くならば、古典作品の朗唱や暗唱を初等教育段階から始めることに疑いを挟む者はいないであろう。そして、それは中等教育段階での古典教育にとっても百利あって一害なき学習活動である。たとえ完全な理解をともなっていなくとも、主要な古典作品の文句の一部が、朗唱等の言語活動によって、身体的記憶として生徒の中に保存された状態で、高校の古典教育を始められれば、授業展開は自ずと異なってこよう。生徒にとっても、九年間に貯えられた身体的記憶に合理的な解釈が加えられ、初めて理知的理解と結びつくことになるから、古典の授業が十分に刺激的な瞬間となるに違いない。

このような立場が是認された場合、より重要になってくるのが、「小―中―高」一貫の古典教材の開発と整備である。とくに小学校では、暗唱と朗唱等の言語活動が主たる内容になるので、学年に応じた和漢の古典教材を、十分に吟味を加え段階的に用意する必要があろう。漢詩漢文の朗唱教材の選択という問題に関連して、ここで二つの提言を行いたい。

第一に、日本人の作品を必ず一定数含めること、第二に、中国の古典作品については現在中国の義務教育課程で行われている古典教育を参考にすることである。

日本漢詩文の教材化

第一の点は、本稿で述べてきた「国語」としての漢文という主張と関わるポイントである。現行の漢文教科書は、中国の古典作品の比重が圧倒的多数を占め、受容史という一面ばかりが強調される嫌いがある。それゆえ、教科書のみを頼りとすると、日本語の一翼を担った漢文という側面が実感しづらい。漢文には翻訳技術という側面と、日本語の重要な骨格をなしたという側面の、二面性が備わっている。しかし、受容史ばかりが強調されすぎると、漢文という教科がもっぱら翻訳技術という一点に限定される偏向をもたらす。この教科が本来担うべき教育内容は、中国古典を読むための翻訳技術を高めるということよりも、日本語の多様性を知り、日本語の過去に遡及する能力を涵養する、という点にあるはずである。したがって、そのことが実感されやすい教材の構成になっていることが望ましい。日本漢詩文が多く教材化されていれば、日本語の一文体としての漢詩文という構造がずっと見えやすくなるであろう。

しかし、言うは易く行うは難しである。戦後六〇年間、我々は日本漢詩文の整理や研究に、あまり熱心に着手してこなかった。日本人の手になる漢詩漢文で、我々の目に触れることなく埋もれたままの作品がおそらく無数にある。とりわけ、江戸末期から明治、大正にかけて作られた作品は一度も日の目を見ぬまま、ほこりをかぶった状態のものが多い。しかも皮肉なことに、江戸末期から明治にかけて作られた漢詩文は、日本漢詩文史の観点から見ると、粒ぞろいで総体としてのレベルがもっとも高い、と目されている。したがって関連領域の研究者は可及的速やかに整理研究を進め、その中から適切な教材を見つける必要があろう。近代の日本漢詩文についての研究は近年になって続々と良質の成果が公表され始めたが[12]、これをいっそう拡大深化させ、個々の研究成果が数多く蓄積されることが切に望まれる。そして、その成果を教育の現場に還元できるような態勢をいち早くつくりあげるべきであろう。

中国の古典教育を参考にする

第二の点、すなわち、中国における古典教育を参考に教材の選別を行うという点について述べる。

中国では二〇〇〇年に学習指導要領（九年義務教育全日制小学語文教学大綱）が改訂され、初等教育段階における古典教育が従来よりも明確に位置づけられるようになった。顕著な変更点は、漢詩暗誦の数値目標が具体的に明示され、しかも暗誦すべき作品のリストが公表された、という点である。中国では従来から国語教育に暗誦を積極的に組み入れるプログラムを推進していたが、今次の教育部（日本の文部科学省に相当）の改訂により、全国の小学校が漢詩暗誦をかつて以上に重視してカリキュラム編成を行うようになっている。

教育部が定めた、小学校段階における漢詩暗誦の数値目標は一五〇首以上である。うち、八〇首については具体的作品名が公表された。現在、この八〇首を収めた暗誦用の副教材が全国各地の出版社によって出版されている。正規の国語教科書の中にも漢詩は取り上げられており、授業時間内では主としてその教材を扱い、暗誦教材は宿題として課すのが一般的である。しかし、それを生徒の自主性に委ねるのではなく、毎月一度、暗誦テストを行い、その成績が通知表にも反映される仕組みになっている。中国教育部推奨八〇首の詩題と作者名を以下に掲げる。

1　七歩歌（煮豆燃豆萁）〔三国・魏〕曹　植
2　敕勒歌（敕勒川　陰山下）〔南北朝〕北朝民歌
3　詠鵝（鵝鵝鵝　曲項向天歌）〔初唐〕駱賓王《らくひんおう》
4　回郷偶書（少小離家老大回）〔盛唐〕賀知章
5　詠柳（碧玉妝成一樹高）〔盛唐〕賀知章
6　涼州詞（黄河遠上白雲間）〔盛唐〕王之渙《しかん》
7　登鸛雀楼（白日依山尽）〔盛唐〕王之渙
8　春暁（春眠不覚暁）〔盛唐〕孟浩然
9　宿建徳江（移舟泊煙渚）〔盛唐〕孟浩然
10　涼州詞（葡萄美酒夜光杯）〔盛唐〕王　翰
11　出塞（秦時明月漢時関）〔盛唐〕王昌齢
12　従軍行（青海長雲暗雪山）〔盛唐〕王昌齢
13　芙蓉楼送辛漸（寒雨連江夜入呉）〔盛唐〕王昌齢
14　鹿柴（空山不見人）〔盛唐〕王　維
15　竹里館（独坐幽篁裏）〔盛唐〕王　維
16　送元二使安西（渭城朝雨浥軽塵）〔盛唐〕王　維
17　九月九日憶山東兄弟（独在異郷為異客）〔盛唐〕王　維

18　別董大（千里黄雲白日曛）　〔盛唐〕高　適《せき》
19　静夜思（床前明〔看〕月光）　〔盛唐〕李　白
20　古朗月行（小時不識月）　〔盛唐〕李　白
21　望廬山瀑布（日照香炉生紫煙）　〔盛唐〕李　白
22　贈汪倫（李白乗舟将欲行）　〔盛唐〕李　白
23　独坐敬亭山（衆鳥高飛尽）　〔盛唐〕李　白
24　黄鶴楼送孟浩然之広陵（故人西辞黄鶴楼）　〔盛唐〕李　白
25　秋浦歌（白髪三千丈）　〔盛唐〕李　白
26　望天門山（天門中断楚江開）　〔盛唐〕李　白
27　聞官軍収河南河北（剣北忽伝収薊北）　〔盛唐〕杜　甫
28　絶句（兩個黄鸝鳴翠柳）　〔盛唐〕杜　甫
29　贈花卿（錦城糸管日紛紛）　〔盛唐〕杜　甫
30　春夜喜雨（好雨知時節）　〔盛唐〕杜　甫
31　絶句（遅日江山麗）　〔盛唐〕杜　甫
32　江畔独歩尋花（黄四娘家花満蹊）　〔盛唐〕杜　甫
33　逢雪宿芙蓉山主人（日暮蒼山遠）　〔中唐〕劉長卿《りゅうちょうけい》
34　江雪（千山鳥飛絶）　〔中唐〕柳宗元
35　尋隠者不遇（松下問童子）　〔中唐〕賈《か》　島《とう》
36　楓橋夜泊（月落烏啼霜満天）　〔中唐〕張　継

37 漁歌子（西塞山前白鷺飛）〔中唐〕張志和
38 滁州西澗（独憐幽草澗辺生）〔中唐〕韋《い》応物《おうぶつ》
39 塞下曲（林暗草驚風）〔中唐〕盧《ろ》綸《りん》
40 游子吟（慈母手中線）〔中唐〕孟 郊
41 竹枝詞（楊柳青青江水平）〔中唐〕劉禹錫《りゅううしゃく》
42 烏衣巷（朱雀橋辺野草花）〔中唐〕劉禹錫
43 望洞庭（湖光秋月両相和）〔中唐〕劉禹錫
44 賦得古原草送別（離離原上草）〔中唐〕白居易
45 憶江南（江南好 風景旧曾諳）〔中唐〕白居易
46 憫農（鋤禾日当午）〔中唐〕李 紳
47 憐農（春種一粒粟）〔中唐〕李 紳
48 山行（遠上寒山石径斜）〔晩唐〕杜 牧
49 江南春（千里鶯啼緑映紅）〔晩唐〕杜 牧
50 秋夕（銀燭秋光冷画屏）〔晩唐〕杜 牧
51 楽游原（向晩意不適）〔晩唐〕李商隠
52 商山早行（晨起動征鐸）〔晩唐〕温庭筠《いん》
53 元日（爆竹声中一歳除）〔北宋〕王安石
54 泊船瓜洲（京口瓜洲一水間）〔北宋〕王安石
55 梅花（墻角数枝梅）〔北宋〕王安石

56　六月二十七日望湖楼醉書（黒雲翻墨未遮山）〔北宋〕蘇軾《しょく》
57　飲湖上初晴後雨（水光瀲灩晴方好）〔北宋〕蘇軾
58　恵崇「春江暁景」（竹外桃花三両枝）〔北宋〕蘇軾
59　題西林壁（横看成嶺側成峰）〔北宋〕蘇軾
60　夏日絶句（生当作人傑）〔南宋〕李清照
61　示児（死去元知万事空）〔南宋〕陸游
62　秋夜将暁出籬迎涼有感（三万里河東入海）〔南宋〕陸游
63　小池（泉眼無声惜細流）〔南宋〕楊万里
64　暁出浄慈寺送林子方（畢竟西湖六月中）〔南宋〕楊万里
65　四時田園雑興（昼出耘田夜績麻）〔南宋〕范成大
66　春日（勝日尋芳泗水濱）〔南宋〕朱熹《き》
67　菩薩蛮・書江西造口壁（鬱孤台下清江水）〔南宋〕辛棄疾《しんきしつ》
68　題臨安邸（山外青山楼外楼）〔南宋〕林升《しょう》
69　游園不値（応憐屐歯印蒼苔）〔南宋〕葉紹翁《しょうしょうおう》
70　墨梅（我家洗硯池頭樹）〔元〕王冕《べん》
71　石灰吟（千錘万撃出深山）〔明〕于《う》謙
72　朝天子・詠喇叭（喇叭　嗩吶）〔明〕王磐《はん》
73　竹石（咬定青山不放松）〔清〕鄭《てい》燮《しょう》
74　己亥雑詩（九州生気恃風雷）〔清〕龔《きょう》自珍

75 長歌行（青青園中葵）〔漢〕漢代楽府
76 早発白帝城（朝辞白帝彩雲間）〔盛唐〕李白
77 江南逢李亀年（岐王宅裏尋常見）〔盛唐〕杜甫
78 寒食（春城無処不飛花）〔中唐〕韓翃《こう》
79 浪淘沙（九曲黄河万里沙）〔中唐〕劉禹錫
80 清明（清明時節雨紛紛）〔晩唐〕杜牧

zǎo fā bái dì chéng 早发白帝城

lǐ bái 李白

朝辞白帝彩云间，
千里江陵一日还。
两岸猿声啼不住，
轻舟已过万重山。

今译

早晨告别彩云间的白帝城，到江陵千里路一日可回返。两岸的猿声还在耳边回响，一叶小舟已驶过万重山峦。

注释

白帝城：故址在今四川奉节东白帝山上，为东汉公孙述所筑。
辞：告别。
江陵：今湖北江陵。
啼：叫。
住：停息。

赏析

李白被流放夜郎（今贵州桐梓），经过十五个月的长途跋涉到达白帝城。突然传来大赦的消息，李白乘船顺流而还，写下了这首诗，抒发了重获自由的欢愉和喜悦之情。起句写得热情奔放，“彩云间”三字不仅写白帝城地势高峻，也赋予全诗一种爽朗明丽的色彩，而一个“辞”字更写得传神，表达了诗人一旦获得自由后的惊喜情态。第二句实写顺流东下的情景，三、四两句为补叙之笔，描写行程的经过，特别通过经常使人感到哀婉凄凉的猿鸣反衬出自己遇赦后的愉快心情。“轻舟”的“轻”字，用得巧妙，是写实，又体现了诗人的主观感受，真正做到了情景交融、浑然一体。

中華書局『小学古詩詞背誦推薦篇目精解』2000年８月初版刊行、2002年６月第六次増刷、初版刊行以来計40万部印刷。多くの出版社が類書を出版している。

上は漢代から下は清朝に至るまで、千五百年を優に超える時間の中から、八〇首が選択されている。時代別に見ると、唐詩が五五首（初唐一、盛唐三一、中唐一七、晩唐六）ともっとも多く、宋詩が一七首でそれに次ぐ。小学生に暗誦させる漢詩なので、短詩形であること、表現が平易であること等の制約があり、なおかつ長きにわたって人々に愛唱された名篇という条件も加わるので、唐詩が突出するのは自然な結果であろう。

選ばれた八〇首の中には、勤勉の重要性を詠じたもの（75）や、農民を憐れむもの（46、47）、母親の慈愛をうたうもの（40）、憂国・愛国の詩（60、61、62、67、68、74）等、道徳ないし愛国教育的色彩の強い作品も一部含まれてはいるが、どれも特定の思想信条をうたったものではなく、一定の普遍性を備えている。総じて、漢詩の入門教材としてはたいへんバランスの良い選択といってよい。

このリストのうち、1～3と67～75は、我々にとって馴染みのある作者もしくは作品とはいい難いが、これは日中間における漢詩受容史の相違によるものである。67「菩薩蛮」は本稿冒頭にも掲げた「詞」というジャンルに属し、72「朝天子」は「散曲」と呼ばれるジャンルに属し、いずれも近世の歌辞文学作品である。しかし、その他の作品もしくは作者については、日本の漢文教科書においてすでに教材化されているものが過半を占めている。

前に記したとおり、現在、中国の小学校では、この八〇首を含め一五〇首以上の漢詩を暗誦することが義務づけられている。推奨というレベルではなく、通知表にも明記されるので、一定の強制力をもつ教科内容である。さらに、中学には中学の、高校には高校の暗誦教材があり、内容的に難易度が徐々に高まるように配置されている。

過去と未来をつなぐ漢詩の朗唱

このような中国の実情を踏まえつつ、我々が朗唱用の漢詩教材を作ることができたならば、将来を担う日中の若者が古典教養の一部を共有する、という将来を実現することが可能となる。現代中国語音と訓読というように、朗唱の方法はたしかに異なるが、対象が同じであれば、内実は重なり合う。しかも、我々にとって特別な準備やなにがしかの大きな変更を要するものではなく、現行の教材に微調整を加えれば、日中共通の教材ができ上がるのである。

今年の二月十三日付けで文部科学省中央教育審議会（初等中等教育分科会教育課程部会）の中間答申が公表されたが、教育内容の改善点を教科別に列挙した項において、「国語力の育成」のために、「小学校段階においては、読むことの力について体験的に身に付けるために、音読や朗読・暗唱が指導上有効であると考えられる。子どもが古典や名作に触れ我が国の言語文化に親しむ機会とすることも重要である」という指摘がなされている[13]。この指摘は、本稿における提言がけっして実現不可能な空言ではないことを示していよう。かつまた、「小―中―高」一貫の有機的教学プログラムについても、近年は実質的な議論が高まりつつある。したがって、漢詩を含む古典作品の、初等中等教育一貫型の朗唱教材の開発は、まことに時宜に適ったものといってよいであろう。

日中両国の関係は今後ますます密接になり、人的交流もいよいよ盛んになると予想される。確実に訪れるであろうそのような新しい時代に、漢詩の朗唱の実践が、両国の溝を埋め、お互いの距離を縮める役割を果たす可能性のあることをここで強調しておきたい。近年、両国の摩擦がジャーナリスティックに取り上げられることが多いが、その主たる要因の一つに、双方の文化的眼差しが欠落し、政治的、経済的利害ばかりが優先される、という世情がある。学校教育における漢詩の朗唱は、そういう現状の改善に、ささやかではあるが寄与するものである。

日本語の多様な文体とリズムを音声によって実感するのに格好の教材であると同時に、あらたな日中関係を築く礎ともなりうる――このように、漢詩の朗唱は、国の内と外、過去と未来をつなぐダイナミズムを確かに内に備えた素材なのである。

（早稲田大学・中国文学）

【注】

（1）南宋後期の姜夔（一一五五—一二二〇）の詞集『白石道人歌曲』の一部作品に当時の楽譜が付されたテキストが存在し、それを解読しメロディーを復元することが試みられている。

（2）大意は下記の通り。「この明るい月はいったい何時からあるのだろう／杯を手に私は大空に問いかける／天上の宮殿では／今宵はいったいどういう時なのだろう／風に乗って月の世界へ行ってしまいたいとも思うが／かの白玉の宮殿は／あまりの高さゆえ、寒さに耐えかねるのではなかろうか／立ち上がって舞い、清らかな月影と戯れていると／とてもこの世のことのようには思われない／／月の光は朱塗りの高殿を移りゆき／部屋の中まで低く射し込み／眠れずにいる私を照らす／私に恨みなどあるはずないのに／月はどうして別れの時となると、きまって真ん丸になるのだろう／人には悲しみと喜び、別れと出会いがつきもの／月には雲のあるなし、満ち欠けがつきもの／すべてがそろうのは古来たやすいことではない／だから願いはただ一つ、いつまでもあなたが／たとえ千里離れていようとも、この麗しき名月を私と同じようにながめていて欲しいということ」

（3）テレサ・テン、フェイ・ウォンのいずれも、この曲を収めた日本版CDが発売されている。テレサ・テンは『全曲集—生誕五〇周年記念—』（ユニバーサルJ、二〇〇三年）に「但願人長久」のタイトルで、フェイ・ウォンは『夢中人～グレーテスト・ヒッツ』（ユニバーサル　インターナショナル、二〇〇一年）に「愛は永遠に」の邦題で収められている。

（4）南方方言の中で、粤方言（広東語）にだけは独特の使用形態が認められる。しかし、それはおそらく粤方言圏に香港やマカオが含まれることに起因するであろう。香港やマカオでは、植民地という立場から、大陸とは異なる文教政策がとられ、広東語による文章表記が一般化した。この表記法が大陸の粤方言圏にも影響を及ぼしているようである。なお、インターネット（台湾）のホームページで、閩方言と客家方言による朗唱（歌唱）の実例が紹介されている。「不惜歌者苦、但傷知音稀」http://cls.admin.yzu.edu.tw/CL_POEM/

（5）平山久雄「唐時代の音韻と唐詩」全国漢文教育学会『新しい漢文教育』第二二号、一九九六年参照。現存の音韻資料によって、唐代の推定音を再現するという、たいへん興味深い試みが報告されている。

（6）松浦友久「言語時空における〈発音の可変性〉と〈リズムの不変性〉」松浦友久『リズムの美学—日中詩歌論—』明治書院、一九九一年。

（7）明治期の文体の変遷について論及した論考に、山田俊治「声を超越する言文一致」『文学』第七巻第二号、岩波書店、二〇〇六年がある。また、同誌に掲載された座談会記録「文章作法の近代と前近代――フォーミュラという視点から」も示唆に富む。
（8）長志珠絵『近代日本と国語ナショナリズム』第三章「言文一致運動と漢学者懇親会」吉川弘文館、一九九八年参照。
（9）子安宣邦『漢字論　不可避の他者』岩波書店、二〇〇三年。
（10）松浦友久「文語自由詩としての訓読漢詩」松浦友久『リズムの美学―日中詩歌論―』明治書院、一九九一年。
（11）拙稿「上海にて中国古典研究と漢文教育の将来を考える」財団法人斯文会『斯文』第一一四号、二〇〇六年。
（12）江戸末期以降を対象に含む、近年の主要な成果を列記すれば、三浦叶『明治の漢学』汲古書院、一九九八年、三浦叶『明治漢文学史』汲古書院、一九九八年、町田三郎『明治の漢学者たち』研文出版、一九九八年、村山吉廣『漢学者はいかに生きたか』大修館書店、あじあブックス、一九九九年、斎藤希史『漢文脈の近代　清末＝明治の文学圏』名古屋大学出版会、二〇〇五年、日本漢文小説研究会『日本漢文小説の世界　紹介と研究』白帝社、二〇〇五年、二松学舎大学二一世紀ＣＯＥプログラム『江戸明治漢詩文書目』二〇〇六年等がある。
（13）文部科学省のホームページに全文が掲載されている。
http://www.mext.go.jp/b_menu/shingi/chukyo/chukyo0/toushin/0602140l.htm

第四章

国語科授業における声の復権を求めて
――「よむよむ座」での実践に即して――

町田　守弘

一、何故いま「声の復権」か

教室での学習者の声が衰退している。それは一つに、現代の日常生活の中から「話すこと・聞くこと」に関わる場面が減少しているという事実と無縁ではない。例えば自動販売機やコンビニエンスストア、さらにインターネットでのショッピングが普及したことは、小売店の店員との間で直接ことばを交わすという場面を奪うことになった。急速に普及した携帯電話は、メールという新たなコミュニケーションのあり方を若い世代を中心に定着させた。顔を突き合わせて声をかけ合うこと、すなわち、「話すこと・聞くこと」に関わる原初的なコミュニケーションのあり方そのものが衰退しつつあるという社会的背景が、学習者に及ぼす影響は、決して看過できるものではない。そのような傾向は、コンピュータの普及によってさらに加速する。彼らは日々の暮らしの中で「話すこと・聞くこと」に関わる時間よりも、黙ってディスプレイと向き合う時間の方が長くなる。携帯電話やコンピュータという機器は、ともすると彼らの声を奪ってしまう。注意すべき点は、学習者ばかりでなく、成績処理を初めとする学校業務のシステム化に伴って、教師自身が学習者と対話する時間も確実に少なくなっているという点である。学校という場所における声の位置は、いまやかなり危ういものになってしまった。

さらに注意を喚起したい現象として、テレビ番組におけるテロップ（スーパー）の普及という問題がある。ニュースやバラエティ番組を初め、多くの番組におびただしい数のテロップが登場する。人物の談話はことごとくテロップによって文字化されることから、視聴者は人物の話を注意深く聞くことを止めて、単にテロップの文字情報に目を通すだけになる。話を聞くよりもテロップを見る方が、効率よく容易に情報を得ることができる。話した内容とは異なる情報がテロップとして書き加えられたり、番組を作る側の意図で脚色されたりもするという危険性も深刻だが、異常なまでのテロップの普及は、視聴者の「聞くこと」に関わる能力を著しく減退させることになりかねない。

現代社会の中で直接「話すこと・聞くこと」に関わる場面が減少しているという事実は、学習者の声を衰退させる原因の一つになっていると思われる。教室の内外で発せられる彼らの声には、活力が感じられない。現代の社会的背景を的確に分析したうえで、コミュニケーションの問題に目を向けながら声の復権を考えることは、これからの国語教育の重要な課題となるはずである。

わたくしはすでに『声の復権と国語教育の活性化』（明治図書、二〇〇五年）において、国語教育の活性化に直結する「声の復権」の課題について、具体的な実践を取り上げながら紹介した。本稿ではすでに拙著で紹介した実践をも含めて、改めて早稲田大学の「よむよむ座」における試みに即して、国語科の授業における「声の復権」のための課題と対応策を提案したいと思う。

二、社会的背景に即した授業の工夫

現代社会が人々の声を奪いつつあるという状況があるからこそ、学校では特に「話すこと・聞くこと」の学習指導の充実を図りながら、学習者の声の復権を図る必要がある。彼らの声が衰退していることの原因の一つとして、前の節では現代の社会的な背景を考えてみた。彼らがまさに存在する「いま、ここ」の実態を踏まえたうえで、効果的な「話すこと・聞くこと」に関わる授業を構想するようにしたい。彼らの声が衰退した原因と思われる社会的背景に注目し、その特質を逆手に取るような授業構想も必要である。

テレビ番組においてテロップが多用されていることの問題点に関して言及したが、その実態を踏まえた国語科の授業構想が展開できるはずである。具体的には、次のような授業の構想を提案してみたい。なお本稿で紹介する授業は、すべて原則として小学校高学年の児童、中学生および高校生のいずれの学習者を対象としても扱うことができることを前提としている。

以下に、テレビにおけるテロップを用いた授業の指導過程の概要を示す。

① テロップが入るニュース番組をビデオに収録する。実際にいくつかのニュース番組を録画して、そのストックの中から学習者の興味・関心の所在を調査したうえで、教材化を試みる。主に、人物の談話を収録することになる。

② 授業で紹介するニュースについて、どのような話題が取り上げられているのかを簡単に紹介する。それから、どのような人物が登場するのかを確認し、その人物の台詞に注意するように促す。

③ まず人物の表情を紹介し、その人物の話に耳を傾ける。続けて、映像を写さないようにして、音声のみを放

送する。学習者は話の要点やキーワードをメモしながら聞く。
④ 聞いたことを文章にまとめて、テロップのための原稿を書く。メモを参照しながら、原稿を作成する。
⑤ 実際のニュースの映像を改めて紹介し、番組側で作ったテロップを見て、自分の考えた案との比較・検討をする。

この授業では、まず人物のイメージをもとにして音声からその談話の内容を聞き取り、それを文字にするという活動が展開されることになる。そして学習者自身にテロップを作成させたうえで、授業の最後で再度ニュース番組を放映する。今度はテロップが付いた映像をともに紹介し、実際に作成したテロップとの比較・検討をすることになる。特によく聞き取れなくてテロップが作成できなかった会話があれば、その箇所には特に注意する。さらに、番組のテロップが、実際の談話の内容と異なるものであった場合、その理由やテロップを書いた側の意図についても検討を加える。

授業の時間に余裕があれば、この後にテレビにおけるテロップの効果と問題点について考えるという、メディア・リテラシーにつながる内容の学びを加えることができよう。指導過程のすべての段階で学習者の意識をことばに向け、ことばの働きを常に考慮するような学びが展開できるように配慮したものである。

このようなテレビのテロップを取り上げた授業は、学習者の生きる「いま、ここ」に直接つながる学びである。このような授業を意欲的に導入しつつ、「聞くこと」の能力をしっかりと高めておきたい。高度情報化が急速に進展する現代社会において、「話すこと・聞くこと」に関わる場面は減少し、声を中心とした身体感覚が衰退しがちであるという問題にはすでに触れた。ことばの教育を担う国語科において、いま声の復権はきわめて重要な実践的課題となっている。「聞くこと」を含めた声によるコミュニケーションを活性化させ、教室に、そして学校全体に学習者の生き生きとした声が溢れるようにするために、様々な方策を検討する必要がある。

三、「話しかけのレッスン」を求めて

学習者の声の衰退は、教室での声が小さいという現象に端的に表れている。返事をする声、教師の発問に答える声、音読・朗読の際の声が小さくて、教室の他の学習者に届かないことが多い。特に上級学年になるにつれて、この傾向が顕著になる。相手に届く大きさの声を出すように導くことから出発しなければならない。具体的な実践として、一つは「しっかりと声を出すこと」を、いまひとつは「相手に声を届けること」を目標とした学習指導を工夫することが必要である。

発声のトレーニングは、放送や演劇の分野でよく行われている。呼吸法や口の開き方などの身体的な技法の指導も必要に応じて展開する必要がある。ただし実際の授業では、むしろ声を出して相手に届けるという場面を設定して、活動を通して「声」を獲得することに主眼を置くことにしたい。演劇のワークショップの中には、授業構想の参考に資するものが多い。

その一つに竹内敏晴の「話しかけのレッスン」がある。竹内のレッスンに関しては、『「からだ」と「ことば」のレッスン』（講談社、一九九〇年）、『日本語のレッスン』（講談社、一九九八年）、『教師のためのからだとことば考』（筑摩書房、一九九九年）などの文献から、その概要を知ることができる。また鴻上尚史の『発声と身体のレッスン』（白水社、二〇〇二年）にも、このレッスンに関する具体的な紹介がある。この竹内のレッスンに学んで、国語科で次のような「話しかけのレッスン」の授業を工夫してみた。

「話しかけのレッスン」は、一クラスの学習者を五人ずつのグループに分けて実施する。まずクラス全員の前でレッスンのモデルを示して、クラス全員がその方法をよく理解してから、グループに分かれて活動を展開する。以

下に指導過程の概要を示す。

① 五人のグループの中で、まず一人がことばをかける側、他の四人がことばを受ける側になる。

② ことばをかける（話しかける）側の学習者を中心として、四人が距離をほぼ等間隔にして離れて立つ。

③ ことばを受ける側は、全員目を閉じて、耳を澄まして待つ。

④ 話しかける側は、四人の中から一人だけ話しかけの対象とする人を選ぶ。「こんにちは」などの短い呼びかけのことばを、その相手に向かって話しかける。その際、誰に向けて声をかけたのかが分かるように、その人の方に手を向けることにする。

⑤ 自分に話しかけられたと思ったら、黙って手を挙げる。自分ではないと思ったら、誰に向けて話しかけたのかを判断して、そちらの方向に手を向ける。

⑥ 話しかけが済んだら全員目を開いて、誰に向かって届けられたことばだったのかを確認したうえで、適切に声が届けられたかどうか、簡単なコメントを述べ合う。

この授業は、体育館のような広い場所で実施するのが理想である。五人のグループの中で、全員が交替して話しかける側を務めるまで続ける。一通り実施したら今度は目を閉じるのではなく、後ろ向きになったり話しかけられる人物の距離を変えたりして、同じ趣旨のレッスンを繰り返す。話しかけた相手にうまく声が届かなかったような場合には、何度か繰り返して実施するようにしたい。このようなレッスンを通して、学習者はどのようなことばを、どのような大きさの声で相手に届けたらよいかということを、実際の場面を通して学ぶことができる。

「話しかけのレッスン」では、相手にしっかりと聞こえるような声を出して、心を込めてことばを届けるように指導する必要がある。大切なのは、実際の活動を通して学ぶことにある。子どもたちはレッスンを通して、声の出し方、声の大きさ、話しかける際のことばなどを学ぶことになる。

いま紹介した「話しかけのレッスン」に関する内容をさらに工夫して、国語科の授業に取り入れることができる。例えば、ことばを届けながら同時にバレーボールを相手に向かって投げるというレッスンも取り入れたい。相手となった者は、ことばを受け取ると同時にボールも受け止めることになる。ボールという具体的なものとともに、ことばを受け取ったという実感を大切にする必要がある。授業を通して、彼らは声を出すということの身体的な感覚をつかむことができる。その感覚を、毎日の授業の中で継続して磨くことができるように配慮したい。

本節では声の復権のための学習指導について、まず相手に声を届けることから考えてみた。特に「話すこと・聞くこと」の指導で重要なことは、指導項目を取り立てて重点的に扱うのではなく、毎日の授業の場で総合的かつ継続的な扱いを工夫するということである。文字言語に比べると、音声言語はより深く学習者の日常に関わっている。日ごろから自分の声に自覚的になるような在り方が望ましい。そして彼らが、相手に声を届けるということの重要性を認識することができるように導きたいと思う。

四、「よむよむ座」で試みたこと

次に、声の復権に関わるわたくし自身の実践を紹介してみたい。二〇〇六年現在、わたくしは早稲田大学の教育学部において「国語表現論」と称される授業を担当している。この授業の中でも、大学生に対する声の活動の実現に向けた努力を続けているわけだが、その実践に関しては、すでに「大学における『国語表現』の授業構想」(『早稲田大学大学院教育学研究科紀要』二〇〇四年三月)その他で報告をした。本稿では特に早稲田大学の「よむよむ座」と称される「ライブ・スポット」において取り上げた試みをめぐって、その概要を紹介することにしたい。

「よむよむ座」の具体的な活動については、主催者の金井景子氏が「朗読の現場を創る—学校の中のライブ・スポット、『よむよむ座』の試み」（『月刊国語教育』二〇〇〇年九月）において詳しく紹介している。「よむよむ座」とは、二〇〇三年から二〇〇五年にかけての三年間、三十五回にわたって開催された「声の劇場」とも称されるべきイベントだが、その具体的なプログラムは早稲田大学金井研究室のホームページに示されている。金井氏は前掲論文の中で、「よむよむ座」の目指すところに触れつつ、自らのライフワークに言及した。

本を読むのが苦手な人にも、朗読を通して文学作品の魅力を知ってもらいたい—そのために、朗読とは何かを手探りしながら実践することが、私のライフワークの一つである。朗読とはこういうものであると決めつける前に、口承芸能や演劇、詩歌の朗唱、楽曲の歌唱、そして外国語の作品の朗読など、隣接領域にも目や耳を向けてじっくりと攻めていこうと考えている。

二〇〇三年十一月十九日水曜日、大学の昼休みの時間の十二時二十分から約三十分間、「詩歌を読むこと、歌うこと—国語教室のパフォーマンス」というテーマで「よむよむ座」に出演することになった。さらに続けて翌年の二〇〇四年六月二十三日、「教室はパラダイス—町田式パフォーマンスのすすめ」というテーマで、再度「よむよむ座」に出演する機会をいただいた。わたくしは自らの専攻する国語教育において金井氏が指摘する「口承芸能や演劇、詩歌の朗唱、楽曲の歌唱、そして外国語の作品の朗読など」を積極的に導入している立場として、氏の「ライフワーク」に賛同し、二回の「よむよむ座」において具体的な授業構想のモデルを提案したいと考えたものである。

二回の「よむよむ座」において主として扱ったのは、詩歌の朗読である。三十分間という短い時間の中で、詩の授業に対するわたくしの考え方を凝縮させて、重要と思われる要素を可能な限りすべて取り入れてみた。本節ではまず、国語科の授業で詩歌をどのように扱うかという課題について、わたくしの考え方と授業構想を紹介しておきたい。

教育現場において、韻文の授業はとかく敬遠されがちである。効果的な学習指導の方法が見えにくいということが、その最大の理由と思われる。特に学年が進むと、韻文の授業は作者に関する教材研究に基づく教材の解釈を中心とした授業内容が主流を占めるようになる。それはともすると、受講者が教師の解説を単に受け止めるという、一方向型の形骸化された授業になりがちである。その方向を大きく転換するものとして、音読・朗読を取り入れた詩歌の授業を位置付けることができる。

例えば谷川俊太郎の詩などは、声に出して読む活動を主体とした教材として扱うことができる。この方向の教材開発は、音読・朗読、さらに群読を取り入れた韻文の授業に直結する。子どもたちが硬直した身体を開き、生き生きとした声を出す時間を国語教室の中に確保したい。詩歌の授業の場合、黙読による読解を中心とした解釈型の授業から、声の復権を目指す表現型の授業へと、授業のパラダイムを転換する必要がある。

谷川俊太郎には自作詩の朗読ライブがある。また波瀬満子の詩歌朗読パフォーマンス、福島泰樹の短歌絶叫コンサート、そして詩のボクシングなど、音読・朗読に関連した様々な試みが話題になっている。これらの試みはテープ（CD）やビデオ（DVD）などの視聴覚資料として、授業で紹介することができる。

声を生かした詩の授業を展開する際に、まず教材として取り上げたいのは谷川俊太郎の詩である。特に『ことばあそびうた』（福音館書店、一九七三年）の系列は声になりやすく、多くの先行研究・実践が出ている。「国語科授業を、より豊かに―『ことばあそびの詩』の役割」（『月刊国語教育研究』一九九三年九月）において足立悦男は、「ことばあそびの詩」の教材を「国語学力の表現力、想像力を育てる、重要な教材領域」として位置付けている。さらに「ことばあそびの詩」の持つ音読教材としての独自の役割に注目し、「ことばの音声化（肉体化）」を重視している。

谷川の『ことばあそびうた』を扱う際に、特に留意すべき点であろう。詩を「音声化」することによって、「表現力」を育てることが授業の目標となる。

詩の授業を構想する際には第一に、音読・朗読・群読などの声の活動を基盤にする必要がある。次の節で、さらに続けて詩の授業のモデルを紹介する。

五、声の復権のための詩歌の授業

詩の授業を、大きく「導入部」「展開部」「総括部」の三段階に分けて構想した。まず「導入部」は、視聴覚資料を通して作者谷川俊太郎の考え方を紹介するところから出発する。谷川と波瀬満子の対談が収録された市販の音声資料や、テレビ番組に出演した谷川俊太郎の談話を映像で紹介する。いずれも、詩はもともと声であったことを踏まえて、声に出して読むことの重要性を説くものである。詩人の考え方にしっかりと耳を傾ける活動を、授業の導入としたい。

『ことばあそびうた』中から、「ののはな」「いるか」「かっぱ」「さる」の四編を教材として取り上げる。学習者にまず黙読させてから、続けて音読をさせて、それぞれの読後感について話し合いをする。黙読したときには、「ひらがなばかりで読みにくい」「どこで区切ったらいいのか分からずに個々のことばの意味が取りにくい」のような感想が出される。ところが同じ詩を声に出して読むと、「リズムがあって読みやすい」という感想に変わってくる。学習者に繰り返し音読させた後で、谷川と波瀬満子の朗読を鑑賞する。

『ことばあそびうた』の授業では、続けて群読という方法を紹介する。声の復権を通して教室を活性化させるという目標を掲げるとき、複数の子どもたちで読む群読は効果的な学習活動となる。『群読の授業』(明治図書、一九九〇年）の中で、高橋俊三は次のように述べている。

群読には、人を巻き込んでいく力がある。学級を前にして、一人では声が出ないという子も、級友と一緒にけっこう声を張り上げるということがある。一人で読む朗読は嫌いだけれど、群読は好きだという子が幾人もいる。朗読も好きになって欲しいのだが、まずは、この子らを認めたい。声に出すことの抵抗と障害をなくし、発声化を楽しむことが第一だ。

同書において高橋は、具体的な群読指導の方法を明らかにしている。特に「発声化を楽しむ」という要素を重視して、家本芳郎『群読をつくる』（高文研、一九九四年）などの先行実践も参考にしつつ、『ことばあそびうた』の群読を実施する。五人から六人のグループに分けて、あらかじめ教師の側で定めた脚本に即して群読をさせる。例えば「ののはな」では一行ずつ分けて読む、「いるか」は掛け合いの形態で読む、「かっぱ」と「さる」は輪唱のようにして速いペースで読むなどの工夫をする。様々な脚本を作成して分担して読むことによって、一編の詩の世界を多様に表現することができるという点に、群読の効果を認めることができる。グループから独自のプランが提案された場合には、そのプランを検討しつつ取り入れてもよい。

グループ内で練習をさせてから、クラス全体で群読の発表会を実施する。その際にBGMを用意して流すことによって、楽しく読むことができるように配慮する。教材として選択した詩を徹底的に声に出して読む活動を展開することが、この授業の眼目である。

音読・朗読、そして群読によって、声に出して詩を読むことの楽しさを実感させることができたら、今度は「展開部」の活動に移る。目標は、多様な詩に接してその中から自身の感性と響き合う作品を発掘するという点である。

出会いのきっかけとなるのは、例えば図書館にある詩歌関連の本が好ましい。図書館に詩歌関連の蔵書があれば、一時間を配当した図書館での授業ができる。すなわち学習者が図書館で自由に多くの詩歌の本に接して、その中から特に好きになった詩を一編選択してノートに写す。ノートにはその詩を選んだ理由も書いておく。

個人で好きな詩を選ぶことができたら、今度はその詩をグループで相互に紹介し合う。グループ編成は「導入部」と同じメンバーとする。グループの中で適宜ノートを交換して、友人の選んだ詩とその理由に目を通す。一通り作品の紹介が済んだら、今度は話し合いをして、どのメンバーの選んだ詩が最も多くの支持を得ることが出来るかを検証する。そして最終的には、そのグループで推薦する詩を一編選ぶ。

グループの中で、相互にメンバーが選んだ詩を読み合うことは、学習者の内部に多様な詩との出会いをもたらす。教科書の詩を一斉授業で扱う以上に、貴重な成果が期待できる。

グループでの学習は、続いて選んだ詩を発表するための準備へと展開する。発表に関しては、「導入部」で紹介した詩にならって、群読によって発表することを主な活動とする。そのために、選んだ詩についてグループ内でよく話し合いをして、効果的な読み方を工夫する。脚本を作成して、何回か実際に読む練習をさせるとよい。

「総括部」としての発表に関しては、あらかじめ基本的な形態を定めておく。選んだ詩をグループでプリントに写して提出し、あらかじめ印刷をして発表の際にクラス全員に配布する。まずメンバー全員が教室の前に出て、リーダー（班長）が選んだ詩の題名と作者名を発表する。続いてメンバーで分担して群読を実施する。そのとき、グループで工夫してＢＧＭを用意して、その音楽を流しながら群読をしてもよいことにする。

群読を中心とした発表とするため、全員で読んだ後はあまり時間をかけずに、その詩の簡単な感想を代表者が発表して終了とする。発表を聞く側の学習者に対しては、群読を聞いてその詩の感想をメモするように指導する。すべてのグループの発表が終了したら、改めて最も好きな詩を一編選んでその理由をまとめることにする。

以上のような指導過程の展開によって、学習者は詩の世界に浸り、詩に親しむことができる。詩の重要な要素である韻律に着目し、声に出して読むという活動を通して、詩の韻律に触れるのが本節で紹介した授業構想の要諦である。加えて好きな詩との出会いを促すことにも、授業の主要な目標を置いている。教材として教師が与える詩だけでなく、学習者たちの出会いを交流することによって、教室にはより多様な教材が生成する。学習者の選んだ詩のアンソロジーが生まれ、彼らが詩に親しむきっかけにもなるはずである。ここで紹介したのは、そのような特色を生かした授業構想である。

六、詩歌を読む・歌うパフォーマンス

ところで、わたくしが担当した二回の「よむよむ座」において、共通の教材は詩であった。二〇〇三年の「よむよむ座」では、谷川俊太郎の『ことばあそびうた』の中の詩に続けて、中原中也の「汚れつちまつた悲しみに……」と「坊や」を教材として選択した。わたくしが試みたのは、詩の朗読から群読へと展開することであった。『ことばあそびうた』系列の詩は群読に適しているという判断が出されるが、中原中也の詩は群読という形態には馴染まないという意見も予想される。群読には、特にどの詩を教材とするのかを厳密に選択しなければならない。わたくしはあえて中也の詩を選んだ。

それは、歌手友川かずきの歌と、歌人福島泰樹の短歌絶叫という形態に接していたからでもある。フォーク歌手の友川かずきは、中原中也の詩をこよなく愛して、その詩に曲をつけて自ら歌うというパフォーマンスに取り組んでいた。わたくしは友川のアルバム「俺の裡で鳴り止まない詩」に着目した。このアルバムに収録された中也の詩の中から、「汚れつちまつた悲しみに……」と「坊や」を教材として選んだ。一方福島泰樹は、特に中原中也の詩

を歌人としての感覚から短歌として再度表現し、その短歌をさらに全身で奏でる声の芸術としての「短歌絶叫」コンサートで表現している。特に「坊や」の詩は、福島によって連作の短歌となり、さらに友川かずきとのジョイントコンサートという形態で、独特の表現へと深められていった。その点を授業構想に生かしたものである。

「汚れつちまった悲しみに……」では、参加者全員に群読のための脚本をまず作成させた。全員で読むために、効果的に読む箇所の分担を考えさせたわけである。参加者は思い思いのプランを考案したが、それを交流して最もふさわしいプランを一つ選ぶことにした。そのプランを共有したうえで、実際にプランに即して群読を試みることになる。当方で用意したのは、まずBGMであった。「汚れつちまった悲しみに……」がより効果的に表現されるためのBGMの吟味も、思いのほか苦労させられた。グループ学習においては、ぜひ学習者自身にBGM選びに挑戦させてみたい。「よむよむ座」においてわたくしが選択したBGMはゲームミュージックである。すぎやまこういち作曲の「ドラゴンクエストⅣ」から「エレジー」と題する曲を選択した。まず曲の冒頭箇所を紹介して、イメージを持たせる。そして、あらかじめ定めた群読プランに従って、参加者全員で詩の群読を展開する。BGMに合わせたように群読が展開し、「よむよむ座」の舞台となった教室には、参加者の声が溢れた。

続いて「坊や」の詩を取り上げる。ここでは、わたくしが教室に持ち込んだギターの演奏をすることにした。友川かずきが作曲したメロディをBGMとして奏でつつ、参加者に一連ずつ朗読してもらった。その後で、福島泰樹の「続中也断唱—坊や」に収録された短歌を朗読する。詩と短歌に一通り親しんでから、最後にわたくしがギターを演奏しつつ友川かずき作曲のメロディで「坊や」を歌い、その歌をバックに参加者全員で交代しながら短歌「坊や」を朗読する。参考に福島泰樹の短歌絶叫コンサートの録音を紹介したが、そのインパクトのある声の表現は、参加者の心に響くものであった。それを参考に、「坊や」の歌をバックに短歌を朗読する。このコラボレーションこそが、わたくしが「よむよむ座」で試みた声の表現にほかならなかった。

翌二〇〇四年の「よむよむ座」では、歌詞を扱うことにした。ちょうど季節が七夕の前ということで、「たなばたさま」という童謡の歌詞の教材化を試みた。この歌詞の教材化という点に関しては、「ことばの学習へのいざない―単元『日本のうた』の実践」（町田守弘『国語科授業構想の展開』三省堂、二〇〇三年に収録）など、いくつかの論文で実際の授業を紹介している。わたくしが教材化したのは、例えば学校の校歌や、日本の唱歌・童謡に属するものである。その歌詞を扱うことによって、実に多様なことばの学びを実現することができる。歌詞はきわめて有効な国語科の教材となる。

歌詞を教材とした授業においては、一通り学習が終了してことばに対する認識が深められたところで、再度朗読を試みる。そしてその後で、必ず曲を付けて歌うことにする。その際に教師自らが楽器を用意して、簡単な伴奏をすると効果的である。音楽の時間とは異なる授業ゆえに、決して上手に歌う必要はない。ことばの意味を学習して、そのうたの世界を理解したうえで、うたの雰囲気をとらえながら心を込めて歌うように促す。教師の伴奏も、学習者の声を引き出すための装置として位置付けておきたい。

大切なことは、うたの意味が理解できたところで、情景を想像しながら曲を付けて歌うという活動である。この身体表現活動もまた重要なことばの学習である。音楽の授業との関連で扱うのもよいが、国語科の授業の中で「声に出して歌う」という活動を前向きに取り入れる価値があると考えている。

わたくしにとって二回目の「よむよむ座」でも、参加者とともに授業を創るという姿勢を貫くことにした。「たなばたさま」のうたは、様々な工夫を経て、群読のための素材へと変貌することになった。そしてこの回には、さらに「書くこと」の活動をも加えて、たなばた伝説を踏まえたストーリーを織り込んだ新たな歌詞の創作という課題を展開することにした。そのオリジナルな歌詞のうたを歌うことで、ことばの「理解」から「表現」へと結ぶというのが、わたくしの目論見であった。

この回にも、担当者自身がギターやオカリナなどの楽器を持ち込んで演奏するという試みを目指すことにした。これは国語教師のパフォーマンスでもあるわけで、教師自身のパフォーマンスによって授業を展開するということの重要性を参加者に訴えることにもなった。なおこの回のテーマ「町田式パフォーマンスのすすめ—教室はパラダイス」は、主催者の金井景子氏からいただいたものであるが、教師にとってまさしく「教室はパラダイス」として受け止められることが重要なのである。教師にとって、教室は最も楽しい、しかもスリリングな場所でなければならない。授業はまた、教師が全力で取り組むパフォーマンスでもある。学習者を巻き込んだ最高のパフォーマンスを目指して、教師は日々努力する必要がある。

七、教材開発から授業構想へ

効果的な国語教育を追求するに際しては、常に学習者のいる「いま、ここ」に目を向けて、彼らのことばの現実を的確に把握しなければならない。例えば携帯電話におけるメールの普及という現象は、学習者のことばの生活に多大な影響をもたらしていると見ることができる。直接顔を突き合わせて話すということよりも、携帯メールというツールを通した間接的なコミュニケーションが、彼らの中に広まっている。届いたメールに対する返信の速さに友情の程度を重ねるという傾向は、たわいのないやり取りの頻繁な交流を強要する。

インターネットを通してのショッピングの普及は、店頭における店員との声の交流の場所を奪ってしまった。また新しい小型ゲーム機が次々と発売され、学習者の世代の人気を呼んでいるのも事実である。直接顔をつき合わせての声によるコミュニケーションは、このような現実によってますます後退することになる。

学校の中に生き生きとした声を溢れさせるための活動を取り入れることを、具体的な授業の構想として提案しておきたい。元気よく身体から声を出して相手に届けるという基本的な活動をはじめとして、具体的な声の学びを展開するための多様な授業構想を工夫することができる。その授業の目標は、衰退した声を個々の学習者の身体に取り戻すこと、そして声によるコミュニケーションを活性化させるということである。そして、これらの声の復権に関わる活動を授業に取り入れることによって、授業を活性化させるということも重要な目標となった。彼らの声が溢れる授業は、全体的に生き生きとした雰囲気に満ちたものとなる。

効果的な授業を展開するためには、教材開発はきわめて重要な課題となる。特に声の活動に関わる「話すこと・聞くこと」の領域は、効果的な教材の発掘に意欲的に取り組む必要がある。

声に関わる教材に関しては、学習者に身近な場所からも様々な素材を意欲的に探索して、教材化の可能性を検証したい。授業の目標が明確になれば、その目標に即した教材開発の方向は絞られることになる。わたくしは、いわゆるサブカルチャーと称される素材の中にも、国語科の教材として成立するぎりぎりの境界線上に置かれるものもあると考えて、意欲的な教材開発を進めてきた。教材開発の重要な観点として、彼らの興味・関心の喚起という要素がある。これは「話すこと・聞くこと」の領域に特化されるものではないが、特に声の活動を展開する際には、必要不可欠なこととなる。児童・生徒にとって、いかに興味・関心のある教材が提供できるかという点に、授業の成否がかかっている。彼らの自然な声の活動につなげるための教材開発が基本である。

教材開発の際に特に配慮が必要な点は、効果的な視聴覚教材の発掘である。教科書に収録される教材には、様々な制約が伴うことはすでに触れた。そこで教科書教材の補助的な扱いとしてでも、効果的な教材の開拓は必要となる。特に声の活動に関わる教材としては、実際の「話すこと・聞くこと」の場面を収録した視聴覚資料が有効である。具体的な資料の用い方については、テレビやラジオで放送される放送業界の「話し方」講座なども参考にすることができる。また、学習者の声の活動を視聴覚機器に収録した資料を、教材として活用することも工夫してみたい。

　教材開発とともに、実際の授業をどのように構想し実践するかという点もきわめて重要な課題である。わたくしは教材開発力と授業構想力を、教師の最も基本的な力量としてとらえている。効果的な教材を発掘したら、教師の中にそれを用いた授業のイメージが構築されなければならない。一時間の授業展開に関する具体的なシミュレーションを思い描くことができれば、それを実際の授業に応用することはさほど困難ではない。教師には、常に多様な授業構想を持つことが求められる。

　ところで、「話すこと・聞くこと」の授業で重要なことは、学習者の具体的な活動を充実させるということである。いくら効果的な話し方について指導を徹底しても、実際に学習者が「話す」という活動をしなければ十分とは言えない。実際に声を出すことに関わる活動を、授業中に展開することが大切である。授業の中に、声に関わるどのような活動を、どの程度設置するのかという点が、授業構想の基盤になければならない。

　二回の「よむよむ座」の試みは、わたくしにとって具体的な授業構想の場所であった。金井氏の考え方に賛同しつつも、十分な準備もできぬまま当日を迎えた試みではあったが、担当者側としても大いに学ぶ点はあった。金井氏は第四節で引用した「朗読の現場を創る」という論文の中で、わたくしの試みについて次のように総括している。

　町田守弘さんはギターやオカリナなど楽器の演奏を、詩歌の韻律をつかむ補助の道具に用いておられた。また、ＣＤの楽曲を通奏低音のように低く流すことで、朗読する気持ちやそれを聴く気持ちに変化が出ることを、聴衆に体感させる場面もあった。これは日々シャワーのごとく消費しているテレビのドキュメンタリー映像を観るときに、語りやＢＧＭなどの音楽が果たす役割を考える、メディア・リテラシーの学習にも繋がっていく。

拙い試みをこのように巧みに総括された金井氏に感謝しつつも、特に氏が後半に指摘されたメディア・リテラシーの学習につながる要素は、わたくし自身今後の重要な課題として受け止めたものである。国語科授業における声の復権の課題は、メディア・リテラシーの課題とも地続きであるということを、金井氏の指摘から学ぶことができた。メディア・リテラシーの問題をも視野に収めたうえで、国語科授業における声の復権を求める試みを、今後も続けたいと考えている。そのために、多くの研究や実践を交流することが今後の重要な課題である。

（早稲田大学・国語教育）

第五章

教室で「読む」ということ
――音読・朗読・暗誦の授業実践を展開するために――

中村　佳文

一、はじめに

教室空間で「読む」と言えば、何を指すことになるだろう。「さあ、読みましょう!」「読んで下さい」「読んでみます」などと教員が言ったときに、生徒はどのように受け止めているのだろう。また、「この一文はこのように読みました」などと言えば、それは違った意味での「読む」として読まねばなるまい。言うなれば、前者は「声に出して読む」という文脈で使われるのであり、後者は「どのような意味として読んだか（解釈したか）」という文脈で使われるわけだ。このような、教室空間で使用される日常的な発言に対しても、指導者たる教員は自覚的でなければならない。

国語の授業は、「読む」ことに始まり「読む」ことで終わる、といっても過言ではないであろう。しかし、その方法があまりにも「文字として読む」ことに偏向しがちであることは、これまでの国語教育の大きな反省である。

いわゆる国語教育で言うところの四領域、「読む」「書く」「聞く」「話す」において、学習者が受信側になる「読む」「聞く」は本来、より同質性のあるものではないかと考えられる。すなわち、「読む」場合にも、それが黙読であるにせよ、頭の中に「声」が存在するし、「聞く」場合にも、文字が眼前に存在しなくても、頭の中に「文字」が存在する場合が多いからである。また、学習者が発信側となる「書く」「話す」においても同様の対応関係を見ることが可能であろう。このように、国語教育の学習領域は、有機的に関連しており、教室空間では常にこれらが様々に交錯しながら展開しているはずである。

本稿は、このような理論を、実際に教室で展開するための具体的な方法を提示するものであり、特に教壇に立つ際に、指導者が意識しておきたい内容を焦点化して述べていくことにする。

二、音読・朗読・暗誦の定義

国語教育の授業実践現場において、「声」で読むことを系統的・段階的に示した用語として、「音読・朗読・暗誦」がある。学習指導案や授業実践報告において、一般的に使用される用語として馴染み深いものであろう。しかしながら、こうした用語が明確に意識して区別して使用されているかというと、必ずしもそうではない状況が散見される。「暗誦」はまだしも、特に「音読」と「朗読」の区別である。いわば、実践の中での事象を表現する用語として機能してきた経緯から、明確な識別がなされていない場合が多い。指導者側も学習者側も、これらの用語の目的を体系的・段階的なものとして把握することで、教室での学習活動にも十分な意識づけがなされてくると考えられる。

それでは、まず最初に、この三語の定義をしておきたい。

音読＝理解のための音声化行為

＊最初は、ただ「声に出して読む」から始めるにしても、それが繰り返される過程で、内容の「理解」を伴うのが原則である。教室では、とりわけ教材に触れる最初の段階で、「理解のため」ではなく、単に声にするだけの学習者による音読が、単調に行われることが多い。

朗読＝理解をふまえた伝えるための表現行為

＊音読を段階的に繰り返してきた結果、初めて実現することが可能な、他者に伝えるための表現行為である。指導者側が、一つの朗読を提示することは、内容解釈を提示することにも等しい。特に学習者に表現行為としての域まで求めるのは、工夫と時間を要する。

暗誦＝理解が定着し反芻が可能な身体行為

＊ただ単に、意味を考えずに丸暗記する暗誦にも、有効性があるとされる場合も多いが、「音読」「朗読」を経由した末に到達した暗誦こそ、意味があると考えたい。記憶は意味との連鎖関係により成り立つと考えれば、暗誦によりその場限りの学習から脱することができる。

以上のようになるわけだが、この三語は音読→朗読→暗誦と段階的に進化するものであり、決してそれぞれが別個の行為であるわけではない。換言すれば、それぞれを独立した行為として断片的に実施しても、意義はあまり見い出せないと言える。その各段階において、「範読」「斉読」「追従読み」「個別読み」「群読」などの読み方を取り混ぜていくことになる。

範読＝主に指導者が学習者に読み聞かせるために、模範的に読む。
斉読＝学習者が教室で何らかの目的を持って一斉に読む。
追従読み＝指導者が読んだ後を追いかけるように学習者が模倣して読む。
個別読み＝学習者が各自で、個人の目的によって読む。
群読＝学習者が班（グループ）を構成して、役割に応じて読む。

このような多様な読み方を、有効に組み合わせることにより、教室での学習活動も活性化し、「声」で読むことを意識的に行うことができるだろう。もちろん、この中には短時間で平易に実施できるものから、長時間を費やし学習者同士や指導者が工夫を重ねて初めて見栄えのするものもある。それほど「読む」という行為は奥深いと言ってよいだろう。それでは、実際に授業実践する際に、これらの「読み方パーツ」をどのように組み立てて、意義深い「学習活動モデル」ができるかを、考えていくことにしよう。

三、授業導入としての学習活動（指導案）

まず最初の項目として、「授業導入」として効果のある「音読・朗読・暗誦」の学習活動を提示してみよう。「授業導入」とは、その授業で扱う単元・教材に対して学習者への動機付けや前時間の復習を実施するのが一般的である。しかし、ここで言う「授業導入」とは、その授業内で扱う教材とは直接的に関連はないが、年間を通して継続的に行うことを目的とし、「音読・朗読・暗誦」の基本的な姿勢を学習者に提供することができる方法である。つまり、授業の最初の五分間に限定して、新聞一面コラム欄のような役割を果たす活動であり、その意義は、回数を重ねるに連れて通常の授業に効果的に反映してくる性質のものである。

それでは、中学校・高等学校それぞれに実際の学習指導案の形式で示してみよう。

《中学校学習指導案》国語

1、対象：中学校一年生

2、教材：『小倉百人一首』（例）持統天皇歌（二番）

3、学習目標

（1）和歌の「音読・朗読・暗誦」を通して、日本語の持つ五七調・七五調のリズムを味わう。

（2）和歌の音律と意味との対応関係を意識する。

（3）「百人一首カルタ」に有効となるよう暗誦できるようにする。

4、学習指導計画（年間を通じて各授業の最初の五分間）

（1）和歌を耳で聞くことを体感し、自身でも「音読」をしてみる。

（2）和歌の意味の切れ目に注意して内容を意識して「音読」する。

（3）和歌の主眼となる抒情表現に注目し、意味を考えながら「音読」する。

（4）前二回の「音読」で得た内容理解を反映し、聞いている者に伝えるように「朗読」する。

（5）繰り返し「音読・朗読」してきた和歌を暗誦できるようにする。

5、副教材・配布資料

中学生向け『百人一首』解説書を学習者が携帯し、常に参照できるようにしておく。また、和歌全文が番号付きで見渡せるプリント資料を活用する。

6、学習指導案（五時間扱い）＊各授業開始直後の五分間

	学習内容	学習活動	指導上の留意点
1	和歌朗読を聞き、自分でも音読する。	指導者の和歌朗読を聞く。追従読みで音読する。	なるべく平板に朗読する。必ず「声」にしてみることを伝える。
2	読むことで意味を理解するようにする。	句切れを意識して、間をとりながら斉読する。	言葉の相互関連を考えて、上句下句だけで切れないことを告げる。
3	和歌の主題的な表現を意識する。	歌人が心に感じたと思われる部分を強調して音読する。	和歌は抒情により成立していることを指導する。
4	他人に伝えることを念頭に指名読み。	和歌の内容を伝えるように朗読する。	どんな心境での和歌か一言を添えるよう指示する。
5	暗誦する。	和歌の冒頭音に続き一斉暗誦。個別に指名暗誦。	最初の段階の音読に戻らないよう指示する。

7、参考（補助板書例）

（1）春過ぎて夏来にけらし白妙の衣干すてふ天の香具山

（2）春過ぎて夏来にけらし。　白妙の（枕詞）衣干すてふ天の香具山。

（3）春過ぎて夏来にけらし（季節の変化）　白妙の衣干すてふ天の香具山（理由）

（4）春過ぎて夏来にけらし白妙の衣干すてふ天の香具山（景色から季節を感じる）

（5） 春過ぎて……………………

《高等学校学習指導案》国語総合

1、対象：高校一年生
2、教材：主要古典の冒頭文 （例）『竹取物語』冒頭部分
3、学習目標
（1） 古典散文の持つ独特な語りの文体を音読し、声にして味わいを深める。
（2） 助動詞の意味を意識しながら昔物語の構造を朗読して理解する。
（3） 古典冒頭文を暗誦し、古典的素養の礎を築く。
4、学習指導計画（年間を通じて各授業の最初の五分間）
（1） 親しみのある冒頭文を声で聞くことで、自らも音読する意識を高める。
（2） 指導者の音読を追従読みし、古典散文のリズムを自身で体感する。
（3） 各文の最後にある助動詞を意識して読み、昔物語の語りを意識する。
（4） 話の筋書きを理解しながら読み、内容を想像できるようにする。
（5） 内容解釈を反映することで暗誦できるようにする。
5、副教材・配布資料

敢えて副教材や配布資料は使用せずに、声で読むことの大切さを強調する。また、ノートに該当する古典冒頭文を視写することで、身体的に味わう意味合いを引き出しておく。

6、学習指導案（五時間扱い）＊各授業開始直後の五分間

	学習内容	学習活動	指導上の留意点
1	冒頭文の朗読を聞き、音読する契機を作る。	指導者の朗読を聞く。追従読みで音読する。	なるべく平板に朗読する。必ず「声」にしてみることを伝える。
2	音読することで古典散文のリズムを味わう。	部分的（文節など）な指導者の音読の後について、斉読する。	学習者の状況に応じて、音読する長さを適切にする。
3	助動詞などが、文意にどのように関係してくるか理解する。	文末の助動詞の意味・用法を理解し、音読するとともに解釈を意識する。	文体や古典教材の特徴などに応じて、適切な解釈の端緒を示すようにする。
4	話の筋書きを理解し、音読が理解の助けになることを学習する。	内容解釈に基づいた朗読ができるようにする。	物語のあり方など、ジャンルや文体に応じて、特徴を簡潔に示すようにする。
5	内容解釈に基づいた暗誦をする。	間や速度に留意して一斉暗誦または指名暗誦する。	暗誦できるように記憶したことで、棒読みの音読に戻らないよう指示する。

7、参考（補助板書例）

今は昔、竹取の翁といふものありけり。野山にまじりて竹を取りつつ、よろづのことに使ひけり。名をば、さぬきの造となむいひける。その竹の中に、もと光る竹なむ一筋ありける。怪しがりて寄りて見るに、筒の中光りたり。それを見れば、三寸ばかりなる人、いと美しうてゐたり。

＊参考：小論・「古典冒頭文の音読から朗読へ―解釈作業の介在」『月刊国語教育』二〇〇四年一月号、東京法令出版。

四、『平家物語』群読の学習指導計画

「群読」という言葉を聞いたとき、どんな学習活動が想像できるであろうか。いや、それ以前に「群読」という言葉自体が、耳慣れた言葉かどうかに問題があるかもしれない。「群」とは学習者のグループを指し示しており、その中の各自が役割分担を持ち、自分たちが解釈した教材の内容を、他者に伝えるために朗読する学習活動である。筆者はすでに、『平家物語』の群読について、理論的にその授業展開と効用をまとめる機会を得ている（参照：小論・「『平家物語』群読の理論と効用」『早稲田大学国語教育研究第二十五集』早稲田大学国語教育学会、二〇〇五年三月）。その結論部分にも示したが、教材としての『平家物語』（とりわけ武人の合戦場面）が群読に適している条件として、次の三点が考えられよう。

① 登場人物がくり返し動作をすることが多いため、場面展開が速く演劇的な進行が可能である。
② 登場人物が複数であり、しかも発話が多く、役割分担が構成しやすい。
③ 語り手の語る内容が場面展開に忠実に進行する。（一定の時間的連続性を伴う話が多く、教材内で完結している場合が多い。）

では、具体的な学習指導計画に即して、指導上の留意点を中心に述べてみることにする。

1、対象：高校二年生
2、教材：『平家物語』能登殿の最期
3、学習目標
（1）和漢混淆文の対句的な文体リズムを音読し、味わいを深める。

（2）内容解釈に対して自分なりの考えを持ち、他者に示して意見交換をする。
（3）グループで工夫を凝らした脚本を制作し、教材を群読し発表する。

4、学習指導計画（5～7時間構成）と指導上の留意点（＊）

（1）単語・文法事項に注意して大筋が解釈できるようにする。（1～2）
＊特に文法事項にこだわりすぎて詳細になり過ぎないように注意する。
＊現代語訳化することではなく、古文を古文として理解するよう指導する。
＊後のグループ内の話し合いを活かすため、曖昧な部分を残すことも有効である。（指導者による解釈の押しつけにならないように留意する。）

（2）大筋の解釈を基にして、音読により内容理解ができるようにする。（1）
＊追従・一斉・指名・個別などの読み方を適宜組み合わせて進行する。
＊個別読みの時間を取ることで、他人の読み方に影響されずに読めるようにする。
＊声にすることで内容把握が進むことを示唆する。

（3）群読グループを構成し、解釈に基づき脚本を制作する。（1～2）
＊一グループ三～七人ぐらいまでが適当である（クラス状況に応じて柔軟に対処するようにする）。
＊教材内の発話者や語り手の特徴を把握し、どのように構成できるかを考える。
＊単純に役割を振り分けるのではなく、効果的な読み方になるよう工夫を促す。

（4）脚本に基づき、実際に分担して音読の練習を繰り返す。（1）
＊読んでいて解釈に違和感を感じたら、グループ内で協議するよう指示する。
＊読み方以外で何か効果的な工夫（効果音・小道具）ができないかを模索するよう指示する。
＊脚本の教材原文を改編して（語の繰り返し・擬音語・擬態語など）より効果的にならないかを検討させる。

（5）群読を練習した成果を、学級で発表する。（1）

＊劇場のような特別教室があれば移動して実施できるようにする。
＊指導者を含めて客観的な観点で相互評価するようにする。
＊学年・学校全体・文化祭など、発表機会を可能な限り拡大し、優秀な班は次の段階へ進むようにすると、次第に切磋琢磨するようになり、よりよい作品を生み出すことになる。

5、副教材・配布資料

教材本文を数行空きにした、脚本制作用のプリントを用意する。また甲冑など装束の参考としては、適宜、国語便覧などを参照するようにする。

五、太宰治『走れメロス』朗読劇の学習指導計画

中学校教科書の小説教材として定番なのは、『走れメロス』であることに異論はないであろう。定番であるがゆえに、指導者側が繰り返し授業実践をすることになり、無意識のうちに独善的な捉え方を学習者に押しつけている場合がある。それは、ある意味で、指導者主体の一斉教授がもたらす形式的な弊害でもあり、教材を初めて読む学習者主体の授業展開に転換する必要があることは、時代の要請であるとともに自然な流れであろう。それは、中学生が小説とは何かを考える最良の機会でもあり、同時に文学作品の底知れぬ価値を、指導者と学習者が共有する貴重な対話の機会でもある。そのような理念を具現化する学習指導計画を模索してみよう。

1、対象：中学二年生

2、教材：太宰治『走れメロス』

3、学習目標

（1）小説の登場人物と話の展開からどのような物語が読み取れるか、その多様性を考える。
（2）小説を朗読することで、「声」が意味を担っていることを発見する。
（3）グループで工夫を凝らした脚本を制作し、教材を朗読劇として発表する。

4、学習指導計画（7～10時間構成）と指導上の留意点（＊）

（1）教材を学習者自身で黙読し自由に感想を書く。（1）
＊黙読して筋を追うという「読書」の形態を再認識するよう示唆する。
＊敢えて朗読CDなどは用いないようにし、学習者による音読も行わない。
＊漠然とした感想ではなく、登場人物に対しての意見を書くように指示する。

（2）前時の感想をもとにして意見交換をする。（1）
＊感想をいくつかの類型に分けて、学級内の傾向を知らせる。
＊同じ人物に対して、反転した意見が出てくることを自覚するように指導する。
＊他者の意見やものの見方から、学ぶことが多いことを示唆する。

（3）メロスとセリヌンティウスの過去の物語を創作する。（1～2）
＊小説の場外に自身の想像力を広げることができることを伝える。
＊創作物語に対して要約文（～が～する物語）をつけて発表する（指導者が要約文をつけて、自分の創作物語がどのように受け取られるかを経験させる方法も考えられる）。
＊創作物語が学習者自身の自己投影になっている場合があることを意識する。

（4）教材を音読し、「声」が意味を担っていることを自覚する。（1～3）
＊小説の文を誰が語っているのかを意識するように工夫する。
＊文章が何を描写しているのか、状況描写・心情描写・心の声・声かけ・人物評価などに分けて考えられるように指導する。

＊「語り」という文学理論で分析しようとすると中学生の理解を超えるので注意する。

（5）朗読劇の班を構成し、脚本を制作する。（1）

＊朗読場面をどこにするかを話し合うことから始める。
＊役割分担を決める際に、前時の内容を活かして考えるように示唆する。
＊朗読劇がどんなテーマを表現しようとしているのかを提示するよう求める。
＊小説文章を改編（擬音語・擬態語・心の声など）したり、演出効果も工夫するよう指導する。

（6）朗読劇の練習をする。（1）

＊実際に読んでみて、テーマに即さない部分や台詞に違和感があれば修正する。
＊各班で決めたテーマが表現されているのか、常に考えるように促す。
＊受け狙いの構成になっていないか、工夫の意図を問いかけて各班の練習を巡る。

（7）群読を練習した成果を、学級で発表する。（1）

＊劇場のような特別教室があれば移動して実施できるようにする。
＊指導者を含めて客観的な観点で相互評価するようにする。
＊学年・学校全体・文化祭など、発表機会を可能な限り拡大し、優秀な班は次の段階へ進むようにすると、次第に切磋琢磨するようになり、よりよい作品を生み出すことになる。

5、副教材・配布資料

教材本文を数行空きにした、脚本制作用のプリントを用意する。

参照：小論「『走れメロス』を「声」で読む―想像力の喚起と自己表現を目標に」『月刊国語教育』二〇〇六年九月号、東京法令出版。

六、まとめ――表現活動としての国語教育――

以上、学習指導計画と指導上の留意点を中心に、いくつかの教材に対して「音読・朗読・暗誦」を通した授業展開について述べてきた。「読む」という行為は、決して受け身なのではなく、「声」で読むという意味の場合も、「解釈」という意味の場合も、主体的な行為であると言えるのではないだろうか。しかしながら、教室空間では、往々にして「読まされる」という感覚を持つ学習者が少なくないのも現場の実情であろう。もちろん、最初は模倣から「声」に出すこともあるかもしれない。しかし、その「声」に明確な意味が付託していることに気がつくことで、主体的な「読み」に変化していくことが可能なはずである。逆に言えば、無意識のうちにも「声」に出すことは可能であるが、あくまで受動的な、無自覚な、没個性な読みでしかない。

国語教育が今後考えねばならないのは、学習者個々の表現活動をどう保証するかだとも言えよう。「言葉」という素晴らしい道具を使って、自己を表現するというかけがえのない行為において、「教室で読む」ということを考えねばならないはずである。

（山崎学園富士見中学高等学校）

第六章

「こえ」と「ことば」のレッスン
――高校講座「スピーチ　コミュニケーション」の理論と実践――

榎本　隆之

筆者の勤務校では、三年次の選択授業のひとつに「スピーチ　コミュニケーション」という講座を設けている。この講座は、受講生全員が毎週スピーチの実習を行うものである。音声言語教育の分野におけるひとつの学習モデルとして、ここにそのカリキュラムを紹介してみたい。

一、音声言語教育のニーズ

音声言語教育の領域では、中学と高校の境目に大きな段差があると言われている。高校に入ると、音声言語の指導率が減り、相対的に文字言語を扱う時間が増えるのである。埼玉県高等学校国語科教育研究会の調査によれば、次のとおりである。(1)

小中学校と高校の指導率を比較して、高校での指導率が半減したもの。

音声言語のうちほぼすべての領域で半減

発声・発音など（発声練習・声の大きさ）

話す（スピーチ・説明・報告・発表・紹介の仕方）

話し合う（グループでの話し合い・パネルディスカッション・ディベート）

聞く（メモの取り方・質問の仕方・インタビュー）

コミュニケーションをとる（あいさつの仕方・面接練習・電話応対・接客）

ではなぜ高校段階では音声言語を取り上げる機会が減るのだろうか。その理由は同調査で、

① 教科書教材をこなすだけで時間的なゆとりがない

② 明確な基準がなく、取り組みにくい分野である

③ 生徒に力がない[2]

と報告されている。このうち②の「明確な基準がなく、取り組みにくい分野である」という回答は、「私たち教師自身が音声言語について今までどこでも勉強してきていない。音声言語の指導が必要なことは感じても、授業で取り上げる範囲、到達目標、指導方法、指導技術、評価の方法、教材等、皆目見当がつかない。自信がない[3]」という見方を裏打ちするものであろう。

一方で、高校生たちが「話す」力をつけたいと思っている、という興味深いデータもある。

生徒の声には一環したものがある。生徒は「社会に出て必要となる言葉の力は、話す力、話し合う力、聞く力」であると考え、「高校の国語の授業でこれから取り上げて欲しいことは、敬語・あいさつ・電話応対や接客の仕方・面接練習等である」とする。生徒は言語の社会的な機能に着目し、社会的に広がりを持った人間関係の形成のために不可欠な言語能力の習得を望んでいる。社会生活ですぐに役立ち生かすことのできる音声言語の力を身につけたいと願っているわけである。(4)

こうした潜在的なニーズにたいして、国語科教育はどのように応えられるか、応えるべきか。その試みの一端として「スピーチ　コミュニケーション」が開設されて、今年（二〇〇六年度）で七年目になる。そのカリキュラムを、指導目的・指導内容・指導方法・評価の各側面にわたって紹介していきたい。

二、実践報告

(一) 講座の概要

これは年間開講（約三〇回）のコースで、毎週一〇〇分（二時間連続、二単位）、高校三年次配当の選択科目である。受講生数は例年約二〇名で、毎回全員が三～五分間のスピーチの実習をする。年度初めには、受講生ひとりひとりにＶＨＳビデオテープが一本ずつ配布される。これを受講生は毎回持参し、各自のレッスンを録画して持ち帰り、自宅で復習する。毎回のレッスンが収められたビデオテープは、ポートフォリオとして一年間の上達記録となる。

年間の授業期間は三～四分割され、それぞれの期間内で受講生はひとつのスピーチを毎週繰り返し練習して、完成させる。ひと期間は四〜八週間の長さとなるので、受講生はひとつのスピーチを四〜八回にわたって丁寧に仕上げていくことになる。期間ごとにスピーチの目的は異なり、たとえば、①報告、②主張、③物語、④思い出など、異なるものを組み合わせる。ときには単発的に即興スピーチの練習を入れることもある。その過程で、①どう話すか（姿勢・発声などの基本的な身体技法）ならびに②何を話すか（日本語の論理的な運用能力）の両側面を指導する。

(二) 何のために教えるか？

講座の目的は大きく分けてふたつある。ひとつは、個人の技能に関することであり、もうひとつは、学習者集団の機能に関することである。

① 個別指導を原則として、受講生個々のコミュニケーション技術を上達させること。
② 個々の上達を支えるものとして、学習者集団の育成を重視し、受講生間に「育てる・育てられる」関係を作ること。

の二点である。それではまず、前者から見てみたい。

前者の目的に「コミュニケーション技術」という言葉を敢えて用いたのは、ふたつの理由による。ひとつは、音声言語という言語技術の枠組みを越えて非言語領域、すなわち身体表現（姿勢・表情・ジェスチャーなど）を含めた指導をするという理由である。わたしたちは日頃、人の話を聞く以上に、むしろ人の顔（色）を読んでいたりする。そして巷には「口舌の徒」を忌み嫌い、「不言実行」を美徳とする風潮さえある。また、同じ話でも、それがどのような表情・服装・視線・姿勢……で語られるかによって、醸される意味は変わってくる。だからこそ、口先の「ことば」だけでなく、「からだ」全体をどう使って表現するかを同時に考えていくことが、

図6-1　スピーチトライアングル

©Richard Han 1999

求められている。

もうひとつは、「コミュニケーション」を発信側と受信側双方のインタラクティブな行為として考えたいからである。発信側の技術、すなわち話し方だけを指導するという発想では、極端な場合、立て板に水のぺらぺら喋る機械を製造することになりかねない。しかしこの講座ではむしろ、たとえ訥々とであっても人の心を動かす語りのできるような人材を、あるいはさまざまな場面で臨機応変に、人を見て語りを変えることのできるような技術を育ててみたい。そうした技術こそが、世の中の葛藤を生き、異文化の障壁を超える力となっていくであろうからだ。

ここで改めてスピーチとは何かを考えてみたい。リチャード・ハンの「スピーチトライアングル」によればそれは、話し手と聞き手が話を媒介にコミュニケートすることである[5]（図6-1）。

この「スピーチトライアングル」が意味するところは、話し手と聞き手の間のコミュニケーション（三角形底辺）を高い次元で成立させるためには、話し手と話、聞き手と話の両側面（三角形上側二辺）がそれぞれ緊密に結ばれる必要があるということである。たとえ話し手にとって得意な話題であっても聞き手がそれに興味を持たなければ、コミュニケーションは弱いものとなるし、逆に、聞き手が是非とも聞きたい話題であっても話し手が門外漢であれば、聞き手を満足させることができない。

したがって、まず聞き手の関心を分析することが、話を構想する第一歩だということになる。良い話し手というのは、伝えようとするメッセージを正確かつ効果的に伝えられる人のことであり、そのためには聞き手がどのようなメッセージを必要としているか、あるいは受け容れられるかを把握している必要がある。

講座の目的の二点目として、学習者集団の育成がある。

受講生は毎回、話し手になると同時に、お互いの話の聞き手にもなる。正確に聞き、的確に批評する活動を通じて、受講生同士は相互に育てる・育てられる関係に置かれることになる。他人の良いところを讃え、そして伸ばし、さらにそれをうまく盗み出すのを、この講座における「マナー」としている。

スピーチの指導では往々にして、話している者は一生懸命だが、聞いている側は冷ややかで無関心という状況が生まれてしまう。こうした状況を回避するためには、どうしたらよいだろうか。いや、そもそもなぜ、こうした状況が生まれるのだろうか。

それは、聞き手が聞く方法を持ち合わせないから、つまり評価基準が内在化されていないからではないだろうか。たとえば「滑舌」という評価項目を与えられたとしても、どういう状態が「滑舌が良い（または悪い）」というのか、具体的な指標を与えられていない聞き手は、評価のしようがないのではないだろうか。「声量」にしても「ジェスチャー」にしても然りである。このように評価基準が曖昧で、しかもたくさんあるという状況は、学習者にとっては混乱のもとであり、段階的・系統的な指導と呼ぶに値しない。

しかし、ひとたび聞くポイントが明瞭にわかれば、聞き手は自ずと話に集中する態度を養うことができ、ひいては話し手に対して的確な批評ができるようになり、結果として学習者集団が組織されることになっていく。そしてそのことは、受講生個々の話す技術を育てることに直結する。筆者はこの講座の指導を通じてそれを体感してきた。

図6-2　何を教えるか？

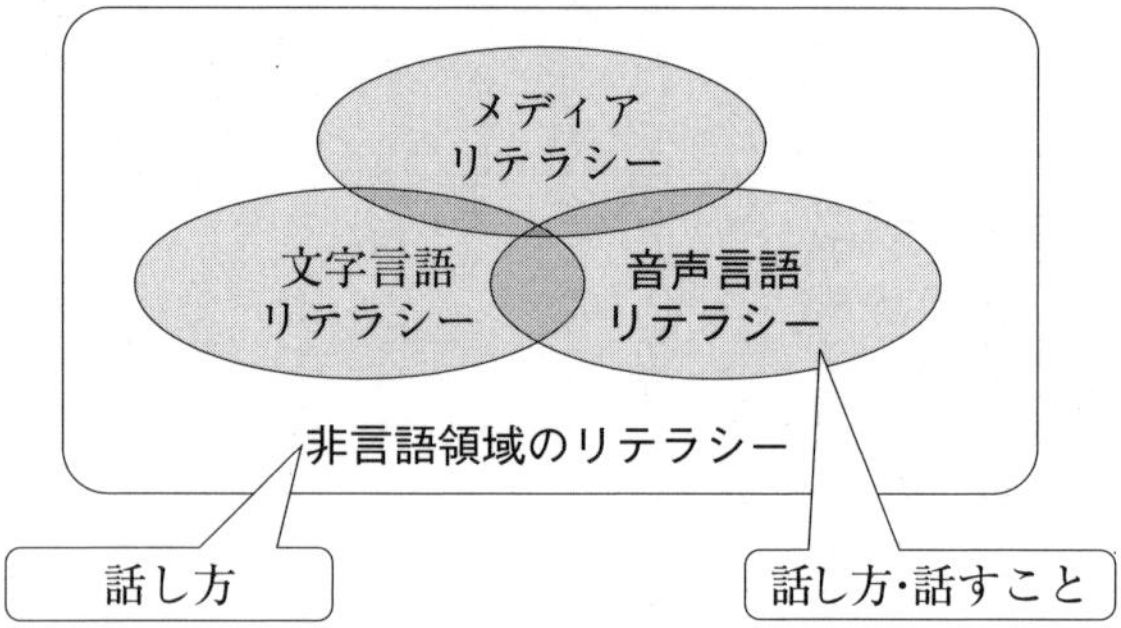

(三) 何を教えるか？

① 領域構成の考え方

つぎに、講座の指導内容を紹介しておきたい。

先にふれたように、この講座では領域構成について、音声言語リテラシーに限定しないで、非言語領域のリテラシーを含めて指導していくという立場をとっている。それを図示すると図6-2のようになる。図の吹出し部分（二箇所）が、この講座の指導範囲である。

音声言語リテラシーはいわゆる「話すこと・聞くこと」であり、「話すこと」に関していえば、「何を」「どのように」話すかという言語技術を指す。一方、非言語領域のリテラシーとは、「どのように」話すかということのうち、とくに「からだ」の動きに関わる身体技術を指す。「からだ」の技術は、「ことば」の技術と相補うことで、コミュニケーションをかたちづくる。いずれかが欠落した場合、たとえば「ことば」だけが残るならそれはさしずめラジオであり、「からだ」だけ残るなら無声映画かあるいはボリュームを絞ったテレビのようなものである。

したがって「何を」話すかということと、「どのように」話すかということの二点、すなわち「話すこと」と「話し方」が、この講座の指導内容だと言える。

「ことば」（音声）　＝話し方＋話すこと
「からだ」　＝話し方

では、つぎに「話すこと」「話し方」それぞれの指導内容に立ち入ってみる。

② 「話すこと」

「話すこと」（話題）については、どんなスピーチを練習する場合でも受講生めいめいが話題を選んで決めるのが鉄則であり、したがって、「話すこと」（話題）の指導はすべて個別指導となる。

ただし、どのような話題がふさわしいか、そして話題をどのような形式で構成するかについては、一定のガイドラインを設ける。たとえば報告スピーチを練習する場合を取り上げてみよう。「話し手がそれについての豊富な知識を持っていてかつ聞き手にとってふさわしい話題を選び、つぎの表のような構成で、五分間のスピーチを組み立てなさい」というような課題が出されることになる。

1　導入
＊　聞き手の関心を引く冒頭
＊　話題の提示
＊　話題と聞き手との関連
＊　話題と話し手との関連
＊　本論の概要

一例として報告スピーチの例を示したが、構成はスピーチの目的によって変わってくることになる。ただ、いずれの場合も一定の形式を与えることが効果的な練習となるようだ。

③ 話し方

「話すこと」（話題）が個別指導であるのと対照的に、「話し方」は共通して指導する項目が決まっている。スピーチの種類に関わらず、常にこれら（図6-3）の項目が評価基準

2　本論
＊　論点1
★論点1の1
・論点1の1の1
・論点1の1の2
★論点1の2
・論点1の2の1
・論点1の2の2
（以下、必要に応じて項目を増減）
（適切な接続語句の挿入）
＊　論点2
★論点2の1
・論点2の1の1
・論点2の1の2
★論点2の2
・論点2の2の1
・論点2の2の2
（以下、必要に応じて項目を増減）

として適用される。年間を通してこれらの評価基準を徹底的に反復練習し、受講生に内在化させることが、「話し方」の指導内容である。

「話し方」は、大きく「からだ」と「こえ」のふたつに分かれ、さらにいくつかの要素に分かれている。[7]

それぞれの項目についてここで細かく言及する紙幅はないが、現場ではすべての項目について具体的に良い例、悪い例を示しながら、段階的に指導する。受講生それぞれに得意、不得意があるので、「今週は、あなたは、視線を集中的に練習してきなさい」というかたちで個人ごとに指導項目を指定することになる。視線ができるようになったら、つぎは間の取り方、それができたら……というように段階的に身につけさせることが肝心である。全部をいっぺんに、とはいかない。ひとつずつクリアしていき、つぎにふたつの項目、さらに四つの項目、というように要求レベルを上げていく。

いくつもの項目に同時に気を配ることがいかに困難な作業かを受講生は身をもって体験することになるが、しかし少しずつ改善していくことで、思いもかけなかった高みに上ることができるのもまた確かである。もちろん個人の練習量に比

3 結論（適切な接続語句の挿入）
＊ 論点1・2のまとめ
＊ 印象的な終わりの言葉⑥

図6-3 何を教えるか？

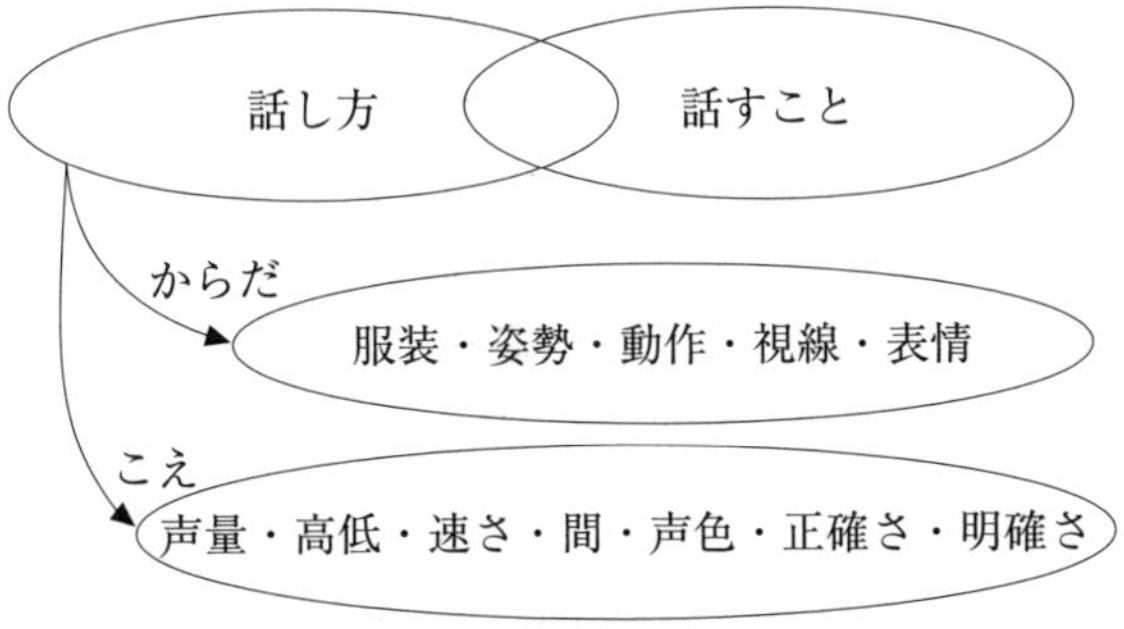

Stephen Lucas, *The art of Public Speaking*, McGraw-Hill, 1998, pp. 296-303.

例して、ではあるが。

いずれにしても一定数の評価項目を明示しておくことで、受講生が自らそこに立ち戻り、自己評価できるような素地を作っておく。下手な者は下手なりに、上手な者は上手なりに、同じ評価項目の上で自分自身への挑戦を繰り返し、「こえ」と「からだ」の技術をらせん状に高めていく。

④「話し方」指導の例―「視線」（アイコンタクト）

それではここで、項目のうちひとつだけ取り上げて、指導の詳細を紹介しておきたい。「視線」（アイコンタクト）である。

もともと目上の人を直視する習慣がなかったこの国において、現代の高校生もやはり、人の目を一秒間きっちり見続けるということが苦手である。まず、このことに慣れることから指導を始める。人の目を見るということは、同時に見られることでもあるが、見られることによる心理的抵抗を克服するためには、意外にも多くの時間が必要となるようだ。

眼球そのものはとくに何の感情も表さないが、瞼、そして眉の動きを伴うとき、目は雄弁なツールとなる。喜怒哀楽に加えて、色気も、情熱も、そして軽蔑も表現できる。いわく「目は心の窓」であり、「口ほどにものを言う」。これを有効に用いることで、話し言葉に生命が吹き込まれると言っていい。

視線の使い方には三種類ある。それは、止める、動かす、切る、である。この三種類をどう組み合わせるかが、スピーチの成否を決める。まず「止める」については、聞き手ひとりひとりの目と向き合ってそれぞれ一秒間止めることを基本とする。そして「動かす」については、顔の向きと視線を揃えて、右端の聞き手から左端の聞き手まで、そのすべての目に向かって視線を送ることを基本とする。これらの基本を押さえた上で、では、どの速さで動かすか、どの方向に動かすか、そしてどのタイミングでどの方向に視線を切り、再びつなぐか……それは話の内容によって左右されることだが、すべてを戦略的に計算させ、計算どおりに実践させる。たった一分間のスピーチの、視線についての練習だけでも、たいへん周到な計算が要求されるということになるだろう。とくに、視線を「切る」ということは、間の取り方と並んで、習得するのが難しい技術のひとつである。

このようにして、評価項目のひとつひとつに具体的な説明を施し、そのうえで受講生個々のスピーチ実践に即して、どこが良くないのか、どうすれば良くなるのかを指摘していく。そして繰り返しになるが、その指導を受講生全員の前で行い、次第に受講生どうしが相互指導できるようにもっていくことが、肝要な点である。

㈣　どう教えるか?

さてここで、指導方法のポイントを三点挙げたい。三点とは個別指導、聞き手を育てること、そしてビデオ録画である。

①　個別指導

あくまで実技指導を旨としている講座である以上、個別指導できるクラスサイズに限定せざるを得ない。例年、受講生は二〇名前後である。ほぼ毎回スピーチの実践を行い、それにたいしてその場で、あるいはメモのかたちで、

図6-4　どう教えるか？

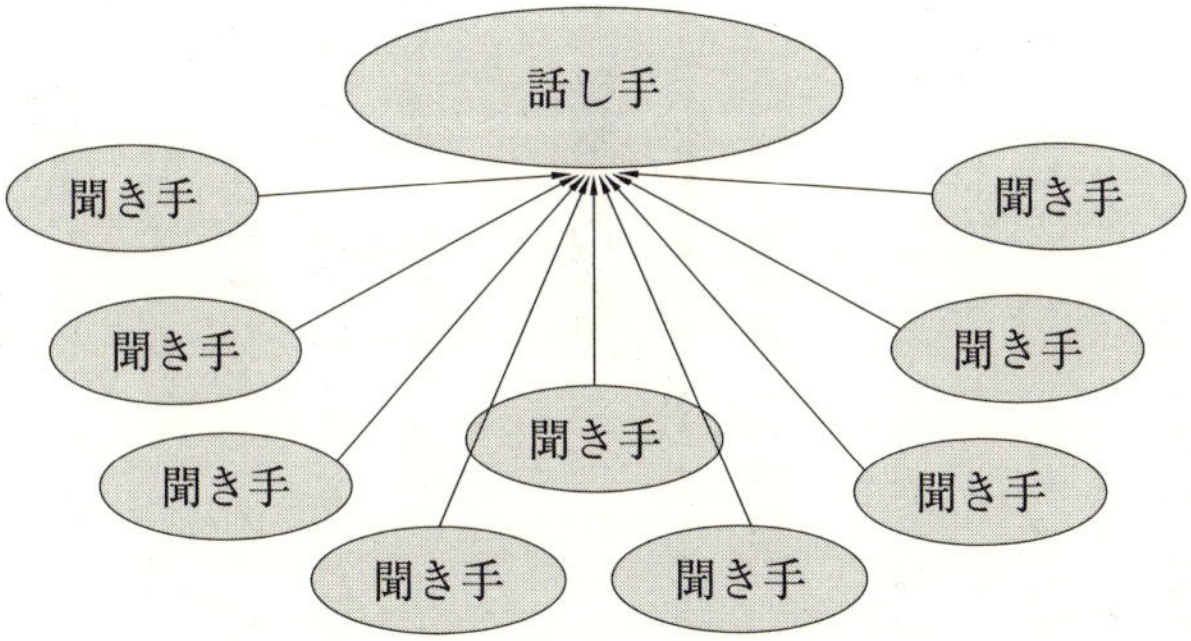

必ず個別にコメントを返すようにしている。

②　聞き手を育てる

話し手を育てる前に、聞き手を育てる。これが、指導方法の要諦である。聞き手を育てるということは、たんに受動的な聞き役を置いておくということではなく、積極的に指導できる者を増やしていくということである（図6-4）。

開講当初は、教師ただ一人が指導する（受講生一同は黙ってそれを聞く）状況が続く。しかし回数を重ねるごとに受講生は少しずつ「聞くポイント」がわかってきて、指導に参加できるようになっていく。受動的な学習者から、批評的に観察し、建設的な意見を言える学習者への成長である。

そうした聞き手が増えてくると、ひとりの話し手にたいして、より多角的な指導が可能になってくる。たとえばA君は「視線」を重点的に観察して発言する一方で、B君は「声量」に焦点を合わせて聞き、その間C君は「姿勢」、D君は「話の構成」……というように、聞き手の分業制が進み、それぞれの視点から話し手にアドバイスを還元することができるようになっていく。

そのような多角的なアドバイスは、いずれ教師一人ができる指導をはるかに超えることになる。つまり受講生全員が指導役となって、ひとりの話し手を包むような態勢ができあがることになる。「話し方」の各項目を内在化させることが、このように聞き手を育てることへつながり、ひいては全員が学習者集団としての機能を発揮しはじめる。そのとき、教室は有機的な学びの場になると同時に、豊かなコミュニケーションの場にもなる。

③　ビデオ録画

聞き手を育てるということが、相互評価の一方途であるとすれば、毎回のスピーチを個人ごとのＶＨＳビデオテープに録画するということは、自己評価のための作業であると言える。

受講生には各自一本ずつのＶＨＳビデオテープが与えられ、それを毎回持参して自分のスピーチを録画し、自宅に持ち帰って復習に使う。これを繰り返していくことで、ビデオテープは、年間の全スピーチを収めた個人成長記録にもなる。いわば映像のポートフォリオである。

㈤　受講生の感想

①　年間を振り返って

二〇〇四年度受講生の感想を一部紹介しよう。年間の受講を終えた生徒は、つぎのような感想を漏らしている。


エキサイティングで実践的な授業。

苦手なことに向き合ったことで、プラスになった。

初めの頃はすごく難しいと感じていたが、週を追うごとに自然に受け入れられた。

胃がシクシクして、ため息ばかり出ることもありました。けれどやはりこの授業を選択して良かったと心底思います。

正直、本当につらかったが、それだけ得るものも多かった。

実際、ここまで自分が変わるとは思っていなかったので大満足です。

毎回の準備は結構つらかった。

実用的な勉強とはこのことだと思った。

たくさんのことを学んだ気がするし、楽しさも比べものにならない程だった。

人前でスピーチするのは頭の中が真っ白になったけれど、いい経験になりました。

精神的につらかった。

スピーチの難しさを身をもって体験できた。

授業を通して大きく成長できたと思う。

ややあがらなくなりました。

これほど先生と生徒の距離の近い授業はないと思う。

② 自信とアイデンティティ

具体的にどういう技能が身についたのか、ということに関して。


最終的にはそれほどあがらなくなった。

やるべきことがわかっていながら、実際に出来ないことが多かった。

テストで評価できないことをしっかり身につけられたのですごいためになりました。

話す時の「間」と「余裕」を得られた。

実際に身につく授業で、毎回毎回が新たなことを学べるチャンスでした。おもしろかったです。

妙な自信がつきました。

苦手意識が少しなくなった。しかしまだまだ至らないところがたくさんあると思う。

③ 協同と信頼

そして、印象的だったのはつぎの感想である。

一年間を通して実にすばらしき人たちとめぐり会え、実によかった。

授業を通して、仲間づきあいが自然に上達した。
この授業では全員と親しくなった。
授業中の雰囲気がいい。
授業で友達が出来るのは嬉しい。
人が話すのは見ていて楽しい。
和気藹々とした雰囲気。
人の話を聞くのは面白い。
全員がのびのびとやっていた。
みんなのスピーチが聞けた。相互作用がある。
アットホームでよかったです。

「実にすばらしき人たちとめぐり会え……」という一節が、私にとって嬉しい言葉であった。この講座を履修した受講生だけが、とくに「すばらしき人たち」だったわけではないはずだ。しかし、お互いの良いところを伸ばし悪いところを指摘していくという作業の繰り返しの中で、それぞれの「すばらし」さを発見できたのだろうし、また自らの「すばらし」さを自覚していくこともできたのだろうと思う。

「話すこと」「話し方」を育てる過程において、他者をそれとして認める余裕が生まれ、自己を素直に受け止める契機が訪れたのだとすれば、それはまさに良質なコミュニケーションが生まれていたことの証左であろう。

(六) 評価の工夫

① 誰が評価するのか？

最後に、評価について簡単にまとめておきたい。

まず、誰が評価するのかといえば、この講座には評価する主体が三種類ある。それは、クラスメート・自分・教師である。この三者によるフィードバックが、毎回（毎週）行われる。

毎回の授業は約二時間。その中で約二〇人が交替で話し手となる。聞き手であるクラスメートは、その場で直ちに話し手にコメントをフィードバックする。これが相互評価となる。この間、教師自身はできる限り発言を抑え、より多くの受講生がコメントを発言できるように促す。

一方で教師は、授業中に逐次、コンピュータへ教師自身のコメントを入力している。これはひとりずつ、必ず何らかの指摘を入力するよう心がけている。聞き手の受講生が指摘した問題点をそのまま記録することもある。そして授業後に（たいていは翌日に）全員分のコメントをまとめて総評を付し、印刷配布する。これが教師による評価である。一日遅れで評価が届くというのが、難点ではある。

さらに、受講生は自宅に戻り、自分のビデオテープで録画内容を見、自己評価を行う。どのように話したかったか、ということと、結果的にどのように話したかは、たいてい一致しない。むしろ思いの外、ずれていることが多い。そして、ビデオカメラが捉えた映像には、自分が気づかなかったいろいろな癖が、証拠として記録されている。たとえば、常に重心を動かしているとか、よく鼻に手をやるとか、まばたきが多すぎるとか、関係ないジェスチャーをしているとか、「明後日の方向」をよく見るとか、声がだんだん小さくなる、などなど。映像を見ると、驚くべき癖の数々が否応なく自覚され、「無くて七癖、有って四十八癖」の意味が腑に落ちるのである。

自己評価は、ある意味では最も辛辣なフィードバックといえる。相互評価よりも、教師の評価よりも、自分自身の姿を直視することの残酷さに耐えなければならないという意味において。

② いつ評価するのか？

以上のように相互評価・教師の評価・自己評価を毎回（毎週）繰り返すことが、この講座の品質を保証する要因のひとつである。

また年度の終わりには、年度初めの映像を全員で鑑賞し、一年間の進歩を実感してもらう時間を設ける。人それぞれに上達の度合いは違えども、受講生が一様に実感するのは、人前に出る自信がついたことである。

成績評価については、年度末に一度だけ成績をつける。すでに受講生は毎回（毎週）のフィードバックで（数値化はされないが）充分な評価を受けており、また周囲の受講生はみなお互いの実力と上達度とを把握しており、なにより受講生自身が現状と課題とを認識しているので、成績評価は形式的なものだと言える。

三、結び

以上、講座「スピーチ　コミュニケーション」の指導目標・指導内容・指導方法・評価にわたってその概要を述べてきたが、最後に二点ほど補足をして結びとしたい。

(一) 本番の経験

ひとつは、本番の設定である。いつも練習ばかりしていては面白くないので、年間一〜二回の本番、つまり外部の聴衆を相手にスピーチする機会を設けるようにしている。外部から人を招くこともあり、こちらから出かけていって話を披露することもある。

受講生がその技術を飛躍的に伸ばすのは、とりわけこうした機会においてだ。聞き手が異なれば話の内容も話し方も変わらざるを得ないということを、実地に経験できる数少ない機会を、なるべく大切にしている。聴衆との一期一会の出会いを媒介するのは、ひとりひとりの話であり、また話す技術である。ほんの数分間のパフォーマンスのために、周到な準備を重ねて、集中力をもって臨む。その経験が、彼らの表現の幅を拡げ、自信を深めていくことになる。

(二) コミュニケーション技術と国語科教育

いまひとつは、国語科教育におけるコミュニケーション教育の位置づけである。この講座のように、高校段階で年間コースとして音声コミュニケーション技術を指導するのはかなり例外的なケースであろう。そもそもこれは必修科目ではなく、選択科目のひとつにすぎない。しかし、ここで扱っている指導内容は、国語科として果たして特殊な、異端なものであろうか。

本来あるべき高校国語科教育の姿とは、どのようなものだろうか。「話す・聞く・書く・読む」のバランスは、小学校段階から高校段階に至るまでに大きく変化していく。つまり学年が上がるにつれて「読む」ことの比重が次第に高くなっていくが、その陰で「話す・聞く」の比重は相対的に低くなっていく。そのこと自体に異論はないが、しかし、ではその相対的に少なくなった「話す・聞く」の教育は、社会人としてふさわしい「伝え合う力」を育てているのだろうか。いや、それ以前に高校生として不自由のない「生きる力」を育てているのだろうか。そう問うてみれば、いま国語科教育は、家庭生活・学校生活・社会生活に資するコミュニケーション能力を、効率的に育成できていないように見える。

たとえばここに紹介してきたようなコミュニケーション技術のきめ細かい個別指導を、選択科目などではなく、国語科の必修科目においてぜひ展開したいものである。現行のクラスサイズでは到底無理な相談だが、それがもし可能になる日が来るとすれば、そのとき日本人のリテラシーはだいぶ違ったものになっているはずである。

（早稲田大学高等学院）

【注】

（1）『音声言語指導事例集（第二集）―言語の教育の場としての国語教室の活性化をめざして―』埼玉県高等学校国語科教育研究会、一九九九年一一月、三五七頁。

（2）同上、三五七頁。

（3）同上、七頁。

（4）同上、三九頁。

（5）Richard Han, "Richard Han Speech Academy", 1999. 7.

（6）Amy S. E. Hubbard, "Principles of effective public speaking", McGraw-Hill, 1999, pp. 39-40より。一部省略。

（7）Stephen E. Lucas, *The art of Public Speaking*, McGraw-Hill, 1998, pp. 296-303より。一部省略。同書は最も詳細で網羅的なスピーチ教科書のひとつであり、教師用指導書・周辺教材も充実している。Richard Han も同様の指導項目を紹介している。

第七章

音声中心主義は形而上学か?
——「古典」を声に出して読むこと——

兵藤　裕己

一、「日本語」を声に出して読む

二〇〇一年に刊行されてベストセラーになった齋藤孝氏の『声に出して読みたい日本語』(草思社)という本から、「あとがき」の一節を引かせていただきます。「日本語」の古典的な名句・名文を声に出して読むことの意義について、齋藤氏はこんなふうに説明しています。

朗読することによって、その文章やセリフをつくった人の身体のリズムやテンポを、私たちは自分の身体で味わうことができる。それだけでなく、こうした言語を口ずさんで伝えてきた人々の身体をも引き継ぐことになる。世代や時代を超えた身体と身体とのあいだの文化の伝承が、こうした暗誦・朗誦をとおしておこなわれる。

『声に出して読みたい日本語』が出版される二年前、大野晋氏の『日本語練習帳』（岩波新書、一九九九年）という本がベストセラーになりました。大野氏の本がよく売れたこともあり、書名に「日本語」を冠した類書が数多く出版されましたが、それらの類書のなかでも、齋藤氏の本は「日本語」の身体性に注目した点にオリジナリティがあり、またその点でほかのブーム便乗本とは異なる独自の思想に裏づけられていました。齋藤氏のばあい、「日本語」とはアタマで考えることば（ロゴス）である以前に、身体の問題だというのです。

二〇〇〇年前後の日本語ブームと、それにつづく身体論的な日本語論がベスト・セラーになった背景には、現在の日本が置かれた世界史的な状況があるでしょう。一九八九年のベルリンの壁の崩壊に象徴される冷戦構造の崩壊と、それにつづく政治・経済のグローバリゼーションの荒波のなかで、グローバル・スタンダードに対抗する拠点が世界各地で求められました。

そしてグローバル（＝アメリカン）・スタンダードに対抗して宗教上のファンダメンタリズム（原理主義）やナショナリズムが台頭するなかで、わが国では、オウム真理教の事件があり、また一般読者層を巻き込んだ文化的ファンダメンタリズムの動きともいえる「日本語」ブームが起きたわけです。

「日本語」を声に出して読むことで、「こうした言語を口ずさんで伝えてきた人々の身体をも引き継ぐことになる」という主張は、それなりに正論です。たしかに私たちの文化的な共同性や帰属意識（ナショナリティ）は、意識や精神よりも身体的なものに根ざしています。齋藤氏の本には、だれもが思い当たるような実感をともなった説得力があります。『声に出して読みたい日本語』は、「日本語」の乱れを嘆く中高年世代から、サッカーの国際試合のスタジアムで文字どおり身体的に熱狂している若者層にまで、幅広い読者を獲得したわけです。

ですが、『声に出して読みたい日本語』の「あとがき」に書かれているような齋藤氏の思想には、ちょっと考え込んでしまう人も多いのではないでしょうか。そこでいわれている「文化」とか「身体」というのは、いずれもかなり近代的に主体化された文化イメージあるいは身体イメージなのではないかと。

齋藤氏は、「世代や時代を超えた」「文化の伝承」として、「日本語」の名句・名文を声に出して読むことの意義を説くわけですが、でも「日本語」とか「日本文化」という概念が成立したのは、近代日本の枠組みが成立した一九世紀末以降です。まず「日本語」や「日本文化」ということば（概念）の歴史性が問われなければならないのですが、それをしないで、とにかくまず「声に出して読む」つまり発話行為の身体性をとおして「世代や時代を超えた」「文化の伝承」と身体レベルでシンクロすべきだというのは、ちょっと乱暴な議論なんじゃないか、と。

二、「日本語」を声に出して読むことへの想定される批判的立場

こうした齋藤孝氏の議論に対しては、当然、いくつかの批判の立場が予想されるわけです。一つは、さきほどもいいましたが、齋藤氏が自明の枠組みとしている「日本」という枠組みの起源とその歴史性の問題。もう一つは、「声に出して読みたい」といった場合、その「声」を特権化しているように見える立場に対する批判です。前者はいわゆる国民国家批判の立場ですが、ここでは、とくに後者の批判の立場を考えてみたいと思います。

「声」を特権化する立場に対して批判の論拠になるのは、いうまでもなくジャック・デリダの思想です。よく知られていますが、デリダは、ヨーロッパの形而上学的な伝統の背後に、「声」を特権化する音声中心主義的な思考を指摘したわけです。ここでは、デリダの思想の先駆的な紹介者の一人である渡辺守章氏の文章を引かせていただきます。デリダの考えをコンパクトに要約している文章だと思います。

デリダは古典期のギリシャ哲学の支配的命題としての〈音声〉と〈ロゴス〉との結びつきを、プラトンの対話

篇やアリストテレスの読解によって、さまざまな機会に強調し、それが中世のキリスト教神学を介して近代の知にひきつがれる系譜を語る。たとえば、アリストテレスの命題、「声によって発せられる音は魂の状態の象徴であり、書かれた言葉は、声によって発せられた語の象徴である。」について、「音声は最初の象徴を生み出すものとして、魂と本質的かつ直接的なつながりを持つ」ものであると説く。「声は意味されるもの（シニフィエ）に最も近い、それを厳密に意味（思考または経験）として定義するにせよ、より不正確に物として定義するにせよである。」つまり、声を魂に、あるいは意味された意味の内実＝思考に、あるいは物そのものに結びつけるという発想にとっては、すべての〈意味するもの〉は、意味の起源から遠ざかるが、なかんずく書かれた〈意味するもの〉は〈声〉以上に起源から遠ざかったものにほかならない。このことは、中世の神学的発想においても同様であって、そこでも神のロゴスにおいて思考された意味、すなわちエイドスから造られた物としてレスが定義されたのである。ソシュール言語学もまた、このようなと〈ロゴス―音声―中心主義〉の上に成り立っていた。

（渡辺守章『虚構の身体』）

デリダはヨーロッパの形而上学的伝統の背後にある音声中心主義の偏向を指摘したわけです。声は魂や思考の内実に近く、〈書かれたもの〉は意味されるもの（シニフィエ）の起源から遠ざかる。魂や思考などの〈意味されるもの〉に対して、限りなく透明な〈意味するもの〉として音声言語が位置づけられるわけですが、そうした音声中心主義を批判することで、思考を〈意味〉の病から解放し、文字で〈書かれたもの〉、つまりエクリチュールの正当な位置づけとその復権を説いたわけです。

こうしたデリダの思想は、ロラン・バルトの思想とともに、日本文学の研究にも少なからぬ影響を与えました。とくに近代文学の研究では、八〇年代あたりから、作品（＝作者）論からテクスト論へという方法論的な転換がありました。つまり、作者の意図したものをテクストから読み取るのではなくてなくて、同時代の政治文化の様々なコンテンクストのなかにテクストを置くことで、その多様な読み（意味作用）の可能性をさぐっていくという研究です。私はテクスト論者ではありませんから、このへんのことはあまりうまく説明できませんけれども。

古典文学でも、平安文学研究の一部ではそうした研究が行われました。ですが、中世・近世文学の研究は概して現代思想に無関心ですから、作者の意図とか構想などのタームをめぐって「日本文学」の研究が行われました。ただ一人、アメリカで日本近世文学・近世思想史の研究をしている酒井直樹氏が、例外的にポストモダン的な近世文学・近世思想研究を展開しました。デリダの思想を応用する酒井氏は、「日本文学」という枠組みを問い直すかたちで、その研究の出発点となった江戸の国学者たちが共有した音声中心主義を問題にしました。

酒井氏によると、十八世紀の国学者たちは、伊藤仁齊や荻生徂徠といった漢学者の方法に学んで、『古事記』『万葉集』などの古典テキストのなかに作者（その場合の作者というのは日本および日本人です）を探ろうとした。そして漢字で書かれた『古事記』『万葉集』などを極力和語で訓読して音声化し、じっさいに声に出して読むことで、日本ないしは日本人という〈主体〉を現前させることに成功した。「日本人」の歴史的・文化的なアイデンティティは、日本の一八世紀に蔓延した音声中心主義のなかで作りだされたというわけですが、そのような国学者たちの企てを、酒井氏は一種の音声＝ロゴス中心主義の形而上学としています。酒井氏の文章は難解ですけれど、おっしゃっていることはクリアで、デリダを背景にして読めばわかりやすいことをいっていると思います。

三、音声（中心）主義はイコール形而上学か？

古典文学や近代文学の古典的作品、あるいは昔話や童話などのテキストの朗読は、教育現場では重要な実践的課題です。朗読という行為については、現時点では、二つの異なる思想的立場が出されていると思います。一つは、齋藤孝氏的な立場です。国語教育に携わる方々には『声に出して読みたい日本語』の賛同者は少なくないと思います。でも齋藤氏の立場は、文化的ファンダメンタリズムといいますか、文化的なナショナリズムに足もとをすくわれかねない立場です。

もう一つは、酒井直樹氏のように、音声中心主義を一種のロマン主義的な反動とみなして警鐘を鳴らす立場です。でもこれは一般には少数派でしょう。『声に出して読みたい日本語』はベストセラーになりましたが、酒井氏の『過去の声』（以文社、二〇〇二年）はごく一部の人にしか読まれない。難解で大部な本ですから、買った人は多くても、読了した人はひとにぎりではないでしょうか。

齋藤氏的な立場に対する酒井氏的な立場、ロマン主義的な音声中心主義の立場に対する、音声中心主義批判のポストモダン思想の立場です。

でも、こうした対立軸に対して、第三の立場というのもあり得るのではないかと思うのです。つまり、齊藤氏の議論の危うさや酒井氏の思想背景を知った上で問われる「音声中心主義はイコール形而上学か？」という立場です。たとえば、酒井氏が依拠するデリダの思想が前提としていることは何なのか、ということを考えてみたい。デリダの音声中心主義批判は、西欧の形而上学の伝統ないしは人間中心主義的な思考の批判を目的としているわけですが、その音声＝ロゴス中心主義批判を展開するにあたって、デリダは、声イコールことば（ロゴス）、ことばイコール意識という西欧の形而上学の等式を自明の前提としてしまっているのではないか、ということです。その上で音声＝ロゴス中心主義を現前性の形而上学として批判するわけですが、声＝ことば＝意識（ロゴス）という等式を自明の前提としているかぎりで、デリダは、はからずも西欧形而上学の（世界史的にみればローカルな）伝統を共有しているわけです。

はたして、声＝ロゴスという等式は、普遍的に成り立つ前提なのでしょうか。つまり、音声中心主義ははたしてイコール現前性の形而上学なのでしょうか。たとえば、声によって主体が現前するにしても、現前する主体の文化的な多様性という側面を、民俗学や文化人類学などの知見などを利用して考慮する必要があります。黒人アフリカの世界では人間の自我や主体の観念はどうなっているのかとか、あるいはアジアでは、そして前近代の日本ではどうなのかという問題です。そこでつぎに、川田順造氏の『聲』（ちくま学芸文庫）という本を引かせていただきます。この本で川田氏は、黒人アフリカの社会の音声コミュニケーションの諸相を探ることで、近代ヨーロッパ的な人間モデル、つまり理性主体の意識存在という主体モデルに根本的な異議申し立てをしています。まず近代西欧的な発話の主体（主語）、人称のあり方について、川田氏はこんなふうにいっています。

声を発している〝私〟は、あくまでも醒めている。そして声のさしむけられる相手と対話し、第三者を指示する。――それが「近代的」理性に最も適合する、声とペルソナのあり方であろう。だが、もっと不定形なコミュニケーションの場や、非単一指向性の発話、あるいは真の宛て先にはさしむけられていない発話、他の人称のとりこまれた言述などのいりまじる中にあって、一、二、三人称のペルソナを単子として想定したコミュニケーションを「純粋」ないし「標準的」とみること自体が、「近代的」偏向の所産とみなすべきかもしれない。（中略）

さきに私は「私の多重化」と書いた。だが考えてみると、言語行為において話者の人称を単一のものと見、その上で多重化としてとらえること自体、〝je pense, donc je suis〟〈我思う、故に我あり〉の伝統をひく近代合理主義の発想のように思える。むしろ非単一的であるのが、少なくとも発話行為を通じて私以外のものとかかわる「私」の人称の常態であり、それを単一として自覚する方が、人為的な努力によって明らかになる限定された様態ではなかろうか。きわめて日常的な発話の場でも、何らかの意味で「かたる」とき、語り手はすでに多重化した人称を帯びてしまっている。

黒人アフリカの文字をもたない社会の音声コミュニケーションの諸相の分析をとおして、川田氏は音声＝ロゴスという大前提に対して根本的な疑義を呈しているわけです。むしろ非ヨーロッパ世界では、発声・発話行為をとおして主体は多重化する。声は〈主体〉を多重化・脱中心化する契機にこそなれ、けっしてインディヴィジュアルな個としての主体などを表象しないというわけです。とすると、デリダが前提とする声＝ロゴスの等式は、ヨーロッパ近代の、世界史的にみればきわめてローカルな問題でしかなくなってしまうのではないか。つまり、非西欧世界（であるはずの日本）に住む私たちが、デリダの思想、その思想が前提とするものを自明なものとして受け入れて、そこから近世日本の音声中心主義を批判したり、日本の前近代文学の研究方法を考えたりするのは、やや倒錯した構図のように見えてきます。

それからもう一つ、からだを共鳴体として発せられる声は、身体的なものに根ざしています。そのような声は意識主体を表象する透明な媒体でありうるかという問題があります。いいかえれば、声はイコールことば（ロゴス）なのかという問題です。たとえば、分節化＝言語化されない声、意識化されない言語というのもあり得ると思うわけです。それにノイズとしての声、有効な意味作用を持たない声というのもあり得るはずです。あるいはシニフィエを一切もたない、ただひたすらシニフィアンとしての声というのも一方で考えられるんじゃないか。たとえば、宗教者の憑依された身体が発する声、近代の知の制度のなかでパラノイア患者と位置づけられてしまうような人が発する声は、多重化された主体の発する声です。あるいは幼児の声、また寝ているときに発する寝言、電車のつり革につかまっているときや、道を歩いているときに思わず口をついて出てしまうひとりごとというのも、意識主体としての「私」が発している声ではない。そういう声まで考えると、声＝意識＝ロゴスなんていう等式はおよそ成り立たない。

　ということは、デリダの音声＝ロゴス中心主義批判というのは、近代ヨーロッパ的な意識主体の概念（つまり、我思うゆえに我あり）を前提にしてはじめて成り立つ議論なのではないか。そして西欧の形而上学的な伝統が世界史的にみればローカルな一伝統でしかないとすれば、西欧近代という枠組みの中で語られているデリダの思想は、まさにポスト・モダンの思想にはなりえても、脱モダンの思想にはならないのではないか、と思うわけです。

　たしかに黒人アフリカの社会やアジア、さらにイスラム世界も今含められようとしていますけれども、二〇世紀というのは、西欧起源の〈近代的なもの〉（モダニティ）がグローバルに進行した時代でした。そして脱亜入欧をスローガンとした「日本人」の主体も二〇世紀をつうじて不可逆的な変容をこうむってきました。でも、私たちがどっぷり首まで浸っている近代を、もう一度考え直してみる一つのきっかけとして、古典文学の朗読もあるのではないでしょうか。たとえば、一九六八年に山本安英、木下順二らの演劇関係者がはじめた勉強会のテーマは「日本古典の原文による朗読は可能か」でしたが、同じテーマが、二一世紀の今日こそ、まさに現時点的に問い直されているように思います。

四、物語を語る・朗読する

　たとえば、平安時代や中世の物語文学に関して、思いつくことを二、三いっておきますと、物語文学はしばしば音読されたり、暗誦で語られたり、場合によっては語りに琵琶の伴奏が入ったりしました。モノガタリのモノは、語られる対象を漠然とさす言葉ですが、物語られるのは語り手＝発話者の記憶です。ただし注意したいのは、平安時代や中世のモノガタリにおいて、語られる記憶は発話主体に起源しない。語り手が心のなかの記憶を語るのではなくて、語られる何かは伝承として、あるいは霊的な何かとして、つねに向こうからやってくるわけです。一種の憑依体験としてモノガタリの語りはあるわけですが、そこでちょっと長くなりますが、私が以前書いた文章を上げさせていただきます。

語られる対象物を明示しない〈明示できない〉ひとまとまりの言述が、「ものがたり」である。語られるものは、語り手の意識あるいは無意識裡にある記憶だが、「もの」として指示された記憶は、ふとしたはずみで語り手の意識の表層にあらわれる。記憶の語りは、記憶じたいがひき起こす語りである。「ものがたり」の「もの」は、「かたり」の対象物であると同時に、「かたり」をひき起こす主体でもあった。

古代・中世的な感覚でいうなら、「ものがたり」は想起されるよりも、向こうからやってくる。語り手が記憶を呼びおこすいっぽうで、記憶された「もの」が語り手をとらえるのだが、そのような記憶のやってくる場所（トポス）が「むかし」といわれたのである。（中略）

「むかし」は、語り手の意識［＝今］が向きあう過去であり、それは「ものがたり」のやってくるトポスである。「ものがたり」は、「もの」（記憶）についての語りである以前に、「もの」がひき起こす語りである。そのばあい注意したいのは、記憶のトポスとしての「昔」は、こちら側の「今」と背中合わせのかたちで、川向こう、あるいは峠や辻の向こう側には空間を接して存在したということだ。

この世界の向こう側には、密度も濃度もじつにまちまちな昔の時空がひろがっていた。それは先祖の霊魂や、神仏、妖怪など、昔語りに登場する「もの」たちの跳梁する時空である。この世界と空間を接して、タブー視される聖なる時空間、またおなじくタブー視される穢なる時空間がひろがっている。

向こう側の世界〈昔〉と、日常生活がいとなまれるこちら側〈今〉とのあいだには、明確な境界が設定されている。だが、その境界というのがたぶんにこわれやすい、不安定なものだったことは、しばしば昔の霊物がこちら側にはみだしてくるのを見てもよい。今日でも交通事故の横死者や水子の霊は、こちら側の現実の精神や肉体をむしばむのである。境外の「もの」へのおそれが、今日からは想像もつかないほどの切実なリアリティをもっていたのが前近代の私たちの社会だが、そのような前近代の時空感覚を前提にして、平安時代の「昔」〈記憶〉も語りだされる。〈中略〉

国語学者の阪倉篤義は、『竹取物語』の文章の特徴として、格段の発端と結末部に「けり」止めの文が集中し、中間に「けり」をともなわない現在形の文章がはめこまれる構造を指摘している。「今は昔、竹取の翁といふものありけり」の発話によって、かぐや姫や竹取翁たちの時空が、こちら側へ呼びだされる。そして語られる作中世界が前景化すると、語り手はみずからの存在を消去し、登場人物になりかわって彼らの言葉を話し、その行動を叙述する。「けり」止めの文章にはじまり、やがて現在形の文章に移行するのだが、語りの時制が、語り手の現在から作中世界の現在へ移行するのは、『源氏物語』などもふつうにみられる時制の移行である。「ものがたり」する行為には、ある種の憑依体験にも似たペルソナの変換がともなうのである。

（「平安時代の物語と物語文学」『岩波講座　文学3』）

モノガタリする行為には、ある種の憑依体験にも似たペルソナの変換がともないます。そのような物語テキストは、たとえば『源氏物語』などを読んでいると、いくらでも例をあげることができます。声に出すことによって「主体」が拡散化・複数化してしまうような文章です。つぎに『源氏物語』の「蜻蛉」の一節をあげますが、これは浮舟が失踪したあと、悲しみのあまり臥せっている匂宮のもとへ、薫が見舞いにきて会話する場面です。

（匂）「おどろおどろしき心地にもはべらぬを、皆人は、つつしむべき病のさまなりとのみものすれば、内裏にも宮にも思し騒ぐがいと苦しく、げに世の中の常なきをも心細く思ひはべる」とのたまひて、おし拭ひ紛らはしたまふと思す涙の、やがてとどこほらずふり落つれば、いとはしたなけれど、かならずしもいかでか心得ん、ただめめしく心弱きとや見ゆらんと思すも、（薫）さりや、ただこのことをのみ思すなりけり、いつよりなりけむ、我をいかにをかしとものの笑ひしたまふ心地に、月ごろ思しわたりつらむ、と思ふに、この君は、悲しさは忘れたまへるを、（匂）こよなくもをろかなるかな、ものの切におぼゆる時は、いとかからぬことにつきてだに、空飛ぶ鳥の鳴きわたるにも、もよほされてこそ悲しけれ（以下略）。

匂宮は、見舞いに来た薫を前にして涙を流します。浮舟がいなくなった悲しみで思わず涙がこぼれるわけですが、そのことが、「いとはしたなけれど、かならずしもいかでか心得ん」。この涙を浮舟ゆえの涙だと薫がどうして気づくことなどあろう、「ただめめしく心弱きとや見ゆらんと思す」。でも、すぐ次の行「さりや」というのは、ここから薫の心中です。「さりや（ああやっぱりそうだった）、ただこのことをのみ思すなりけり」。薫は匂宮がひたすら浮舟のことを思って涙をながしているのに気づいてしまいます。そして、「いつよりなりけむ」。匂宮と浮舟の二人の関係がいつから始まっていたのかと考える。いちおう浮舟は薫の女だったわけですからね。匂宮と浮舟が、自分に隠れて関係をもって、何も知らない「我をいかにをかしとものの笑ひしたまふ心地に、月ごろ思しわたりつらむ」。この自分のことをいかに滑稽に思いながら二人は密会を重ねていたことか、と薫は思うわけです。そうと思ったとたんに、薫は浮舟を失った悲しさも忘れてしまう。それに対して、「こよなくもをろかなるかな」と、ここからまた匂宮の心中です。「こよなくもおろかなるかな（なんとまあ薄情な人なんだ）。ものの切におぼゆる時は、いとかからぬことにつきてだに、空飛ぶ鳥の鳴きわたるにも、もよほされてこそ悲しけれ」。以下は省略します。

薫と匂宮という、親友であるはずの両人の心のディスコミュニケーションが、ぶきみなほどリアルに描かれています。それにしても、こういう文章を声に出して読むとどういうことになるのか。読み進めるうちに発話主体は複数化・多重化してしまうのではないでしょうか。『源氏物語』研究者の高橋亨氏の言葉を借りると、まさに「物の怪」のような発話者になるわけです。たとえば、白石加代子氏が『源氏物語』の朗読の連続公演をしていますが、白石加代子という稀有な役者が読むと、たとえば新劇の俳優さんの朗読とは全然ちがう、鬼気迫る語りの主体が出現することでしょう。

つぎに中学・高校の朗読教材の定番ともいえる『平家物語』についてですが、『平家物語』のなかでも特に有名な文章は、冒頭の「祇園精舎」です。人口に膾炙した文章ですが、しかしこの文章の発話主体は誰なのか。この周知の文章もじつはよくわからない文章です。

祇園精舎の鐘の声、諸行無常の響きあり。
沙羅双樹の花の色、盛者必衰の理をあらわす。
おごれる人も久しからず。ただ春の夜の夢の如し。
たけき者もつひには滅びぬ。ひとへに風の前の塵に同じ。

これはいわばこの世の法を語っています。語り手は世界の法を語りうる超越的な主体です。朗読しているのは自分でも、声を発することで、自分とは別の超越的な主体がオーバーラップしてくる。川田氏ふうにいえば、まさに発話主体が多重化するわけです。『平家物語』のこの文章は、終わりのほうで、「平清盛公と申しし人のありさま、伝へ承るこそ、心も詞も及ばれね」とありまして、物語の主人公、平清盛を呼び出すわけです。語りの場に呼び出される清盛は、過去の人物つまり死者です。「祇園精舎」を語る声は、死者の霊ともシンクロしてしまうような声なわけです。こういう声の主体は、いったいどういう主体なんでしょうか、ということです。少なくともこの場合、声はけっしてインディヴィジュアルな主体などを表象しません。

問題は、まさに〈声〉に出して読む読み方、朗読のしかたの実際的な問題になってくると思います。私は大学で講義するときもカツゼツがよくない。ぼそぼそとした声で、生徒からたまに苦情が寄せられます。朗読のしかたについて壇上でお話する資格など私にはありませんが、でも、たとえばテレビで見る齋藤孝氏のカツゼツの良さなどをみていると、私のこのぼそぼそとした声もどこか取り柄があるかもしれないと思ったりしまして。つまり、近代的に主体化されにくい声とでもいいますか。ともかく声の多様性ということで、お恥ずかしいかぎりですが、このへんで私のつたない問題提起を終わらせていただきます。

（学習院大学・日本中世文学）

付記・本稿は二〇〇四年六月一九日に早稲田大学で開催された早稲田大学国語教育学会「朗読の理論と実践の会」での口頭発表に修正を施したものである。

第八章

方言を追体験することで何が見えてくるのか
――石牟礼道子『苦海浄土』を朗読する――

金井　景子

一、はじめに

かつて、西尾実は「これからの国語教育と方言」（『言語生活』一九五二年二月）という文章において、「方言を標準語化していくのが国語教育の任務である」ことを確認した上で、考慮されるべきは「それを行う時期はいつ、どこで、また、どうして、という問題」であると述べた。西尾は、国語教育において話すこと・書くことが「その生徒自身の言語体系ではじめること」＝「方言から出発することが自然であり必然でもある」という立場をとっている。

要は国語教育における方言の問題は、話し書く発表においては、発言、発想の自由と真実を自得させるために、まず方言による談話、文章の確かさ、力強さが現れてきた時を見て、方言の標準語化に進むべきである。国語教育の到達点は標準語教育でなくてはならぬ。しかし、そのために、話し聞く発表の出発点は方言によらなくてはならぬことを忘れてはならないと同時に、方言的発表から標準語的発表へ転進すべき時期を見落としてはならぬ。文学的創作における表現は、すでに標準語的自由と真実とを得たうえでの高次な方言的表現であって、談話や作文の入門期における方言的発表とは次元を異にしたものであることはいうまでもない。

標準語がよそ行きのことばでなく、かつての方言と同じように身についた体系となり、それによる発言、発想の自由と真実を得るためには、まず、発表活動の出発点を方言体系においてすることが必要である。

この論文が発表された一九五二年は、進駐軍による七年にわたる占領が終わり、講和条約が発効した年である。当時、国立国語研究所の所長職にあった西尾にとって、自立性をもち新たに生まれ変わった国民国家としての日本、その未来を担う子どもたちにどのような国語教育がなされるべきかについて指針を示すことは急務であった。西尾が「方言を標準語化していくのが国語教育の任務である」としながらも「方言から出発することが自然であり必然」であり、その上で「方言による談話、文章の確かさ、力強さが現れてきた時を見て、方言の標準語化に進むべき」であるという迂回を敢えて提言しているのは、ことばとはそれを使う人間の生活の諸相に下支えされて在るという言語観に拠っている。これは、たとえば、敗戦の翌年に発足した「国民の国語運動連盟」の発起人となった志賀直哉が国語の改良案として、「此際、日本は思ひ切つて世界中で一番いい言語、一番美しい言語をとつて、その儘、国語に採用してはどうかと考へている。それにはフランス語が最もいいのではないかと思ふ」(「国語問題」『改造』一九四六年四月)と提言した能天気ぶりとは鮮やかな対照をなしている。

また、西尾の論文が書かれた二年後には、東北から九州に至るまで多くの教師や学者を巻き込み、そもそも標準語とは何かを根本から問い直す「標準語教育論争」が繰り広げられることとなった。近代日本の言語政策の在り方を検証した『〈国語〉と〈方言〉の間―言語構築の政治学―』(人文書院、一九九九年)で安田敏明は、この論争を踏まえ、学校教育において「方言」が「標準語」への矯正あるいは回収の文脈でのみ語られ、「方言」と「標準語」が「二重言語」として並立する可能性の論議に発展しなかったことの問題点を指摘した。加えて安田は同書において、一九九四年から九五年にかけて全国で実施されたアンケート調査の中から「共通語の手本になったもの」(二千百人回答)に言及し、「共通語教育は必要か」という問いに対する極めて興味深い結果を紹介している。共通語教育は必要であると答えたのが、年代別に見て六〇歳以上が七〇・七%、二五～四〇歳が四四%であるのに対して、高校生は二〇・一%というものである。安田は、国語教育学や方言学が正面に据えて取り組んで来なかった、この方言と標準語が「二重言語」として並立する可能性を担ったのはテレビであり、世代が下るに従い、テレビの影響の大きさと教育の役割の相対的低下を読み取っている。

これらを踏まえて言えることは、戦後の占領が終了した時点にあって、国語教育の最重要課題の一つであった、方言の標準語化が、「それを行う時期はいつ、どこで、また、どうして、という問題」(西尾実)を棚上げにしたまま、その後やって来た高度成長期——その波の中で、全国に家電として普及したテレビという新たなメディアによって、なし崩し的かつ急速に遂行されたということである。実際に、二〇〇六年の時点において、たとえば初等教育において「方言を共通語へ矯正するとすれば、それを行う時期はいつ、どこで、また、どうしてなのか」ということを問う際に、ほとんどの家庭にも一台以上ある、普及率九九%を超えたテレビの圧倒的な影響力を抜きにしては、なんらアクチュアリティを持たないのは言うまでもない。

学校教育の中の「国語」において方言の標準語への矯正にスキル習得としての時間を割く必要がなくなりつつある現在、国語教育における方言の問題は、「標準語をいかに迅速・正確に身につけるか」ということから、「標準語ではなく方言だからこそ伝えうるものは何か」あるいは「方言で語られたことを標準語化するときに失われるものや付け加わるものは何であるか」についてより深い論議を重ね、わたしたち一人一人を育んでくれた母語について考えることへと、ステージを移行したと考えてよいだろう。ただし方言を発見・再発見する言語の教育は、教室で一般論的に「教え込む」のではなく「体感して共有する」ことによって、地域で育まれてきた固有の文化としての方言、その響きの向こうにさまざまな人々の息遣いを感じ、そこで語られる個々の暮らしの在り方に想像力を働かせることでこそ、豊かな言語体験たり得るのだということを、改めて確認したい。

本稿を綴っている二〇〇六年は、中央教育審議会の外国語専門部会が小学校における英語の必修化について積極的な論議を展開し、それに小坂憲次前文科相が支持、伊吹文明現文相が疑義を呈するという大きな振幅が見られた年である。ちなみに中央審議会外国語専門部会のこれまでの論議を追ってみると、主な意見の中に、かつて交わされた方言と標準語の論議と重なるものを見出すことができて興味深い。

○ 日本には、英語でコミュニケーションができる人が少ない。国際会議で発言を求められる場合の言語は英語であることから、英語が重要である。

○ 例えば、パソコンの使用は英語が使えると幅が広がる。社会全体において多様な機会を得るという意味でも英語教育が重要である。

○ 英語で活躍できる人は、母語でも活躍できる。何が良いコミュニケーションなのかを身につけ、それを場面に応じて切り替えることができる能力が大切である。

（「中央教育審議会初等中等教育分科会教育課程部会第十四回議事録・配布資料1」文部科学省ホームページより引用）

ことに「英語で活躍できる人は、母語でも活躍できる」というのは大いに議論があるところだろうが、「何が良いコミュニケーションなのかを身につけ、それを場面に応じて切り替えることができる能力が大切である」という指摘については、二十世紀に方言と標準語をめぐって国語教育が積み残してきた課題が、今度は日本語と英語との二重言語生活をどのように位置づけて行くのかという形で浮上してきたものと捉え直すべきなのではあるまいか。

また二〇〇六年は、「格差社会」ということばがキーワードとしてメディアを賑わせた年でもあった。小泉政権による財政改革によって促進されたものの一つとして、中央と地方との格差に言及したものも多い。この格差は、少子化による人口減少やグローバルな産業再編の影響などによって、今後一層拡大し、むしろ本格化するのはこれからであると言える。振り返れば明治以降、新聞・雑誌・ラジオ・テレビ、そして現在のインターネットに至るまで、メディアはその土地固有の人々の営みを標準語に変換してリポートし続けてきたが、そのことによって地域毎の固有性は失われ、「地方」というのっぺらぼうのものとしか捉えられなくなった側面を見逃すべきではない。

グローバリゼーションの時代だからこそ、これからの世界を生きる子どもたちは、いやおうなしに、自分たちの暮らしの在り方が各々の身の回りの現実だけではなく、さまざまな環境で生きてきた／生きている／生きていく人々の生活に、直接・間接に影響を受け／与えるのだということに、これまで以上に鋭敏で繊細な想像力を働かせることが求められるようになる。標準語には変換し得ない、その地域が固有に直面している問題に向き合おうとするとき、そこから発せられた声に耳を傾け、自らの声を重ねて追体験をすることに有効性はないか。円滑・迅速・正確なコミュニケーション能力の育成だけでは不十分な、文化的背景を知ることでより理解が深まる表現、リズムやイントネーションに思いを仮託し得る、ローカルな言語表現に向き合うことに、私は可能性を見出している。

いずれ英語という世界の共通語あるいは標準語が初等教育から導入されるようになると、次に控えているのは、教科によっては日本語を介さず直接英語で教育を行う方が、国際的な競争力を備えた学力を養う上では無駄がないという論議だろう。志賀直哉ではないが、世界中で極東に位置するいくつかの島でしか使用されていない、極めてローカルな言語である日本語で思考し表現し理解する能力にこだわることに、どのような意味があるのかというドラスティックな議論に対して、ロマンティックな「国語教育絶対論」(藤原正彦『祖国とは国語』新潮社、二〇〇三年)が必要十分な回答たり得るわけがない。

本稿は、石牟礼道子『苦海浄土』の朗読をめぐる実践に基づき、「方言を追体験することで何が見えてくるのか」について考察したものである。『苦海浄土』の朗読実践は、二〇〇二年一一月一六日(於・早稲田大学)を皮切りに、二〇〇六年末に至るまで、日本大学、ルール大学(ドイツ・ボッフム)、ワシントン大学(米・シアトル)、シカゴ大学(米・シカゴ)、プリンストン大学(米・プリンストン)、コロンビア大学(米・ニューヨーク)で招待公演を行い、ゆるりの家(水俣、二〇〇六・一二・一二)では地元の方々に聴いていただき、早稲田大学高等学院(二〇〇六・五・一二)では授業の一環として高校生に提供した。今後もライフ・ワークとして、自身の授業内で実践を重ね、機会を見つけてはさまざまなワークショップと組み合わせた形での実践を重ねていこうと考えている。

二、誰に教えを乞うか――「方言指導」を探す

二〇歳の頃、図書館で借りた一冊の本に打ちのめされてしまった。石牟礼道子の『苦海浄土――わが水俣病』(講談社、一九六九年)である。速読にだけは妙な自信があったのに、『苦海浄土』に限っては一週間たっても二週間たっても読み終わらず、借りていた単行本を返却した後に、文庫本を買い直して読み継いだことを覚えている。

難解で読みづらかったのではない。むしろ恐ろしいほどの力でその世界に引き込まれ、そこに描かれている世界に比べて東京で大学生をしている自分の日常の方がよほど現実味が薄いと感じられるような、圧倒的な読書体験であった。読み進めるのに手間取ったのは、随所に配されている、水俣病患者たちの水俣弁による語りの箇所に来ると、まったく別の時間が流れ出して、なかなか本筋に戻って来られなくなってしまうことに一因があった。李太郎

のじいさまや仙助老人、そしてその後、二十年にわたって私の中に棲み続けることになったゆき女らは、水俣病の患者である以前に不知火海を漁場にする優れた漁師たちであり、人生経験豊かな、家族や地域の人々から信頼される傑物たちであった。その語りが始まると私は、彼らの声の力に捉えられ、むしろ彼らの人生の時間へ降りていくことになって、「水俣病問題」が語られている時点——『苦海浄土』全体の語り手は、観察と実験とによって病像を模索する先端医療の報告や予想をはるかに超えた当該企業の事後処理のあり方、何よりも刻々変化をみせる患者運動の様相を矢継ぎ早にレポートし続ける——に戻れなくなるのである。また、水俣病患者たちの水俣弁による語りに惹きつけられながらも、彼らにシンクロナイズしたいと思えば思うほど、その抑揚や語勢を脳裏に再現し得ないもどかしさが湧いてきて、それがまた速読を妨げていた。作品を読むと生々しくさまざまな声が聞こえてくるのに、いざ耳を澄ませて聞き取ろうとするとそのいずれもが靄のむこうに響いているような隔たりがあった。

当時、私が同書を手に取るきかっけになったのは、一九七六年に熊本地裁の行政訴訟で「水俣病認定業務の遅れは違法である」という患者勝訴の判決が出されたり、七七年には東京高裁で川本輝夫氏をめぐる裁判において刑事訴訟法上初の公訴棄却判決が出て、司法が国の賠償責任を指摘するといった、水俣病患者運動の大きな転換点になる報道と、その運動を担う一人である作家が書いたという作品はどんなだろうという興味であった。ちょうど土本典昭監督の記録映画『水俣—患者さんとその世界』（一九七一年）や『不知火海』（一九七五年）などの巡回上映活動も続いていた。『苦海浄土』を読んでまもなくこれらの映画を観たことも手伝って、とてつもないものに出会ってしまったがどうしたらいいのかわからないという状態に陥ったまま時間ばかりが経過していった。

そんな『苦海浄土』に、もう一度向き合おうという気持ちになったのは、二〇〇〇年の夏、東京都写真美術館で開催された「水俣・東京展2000」（七月二〇日~八月六日）に足を運んだことによる。前年の一九九九年に、私は音声言語教育の一環として朗読の可能性を探る目的で、朗読家・舞台美術家・学生および社会人のボランティアたちとともに「声の劇場」というユニットを立ち上げていて、二〇〇〇年の夏は一〇月の第一回公演（樋口一葉作『十三夜』）に向けて稽古をしている合間だった。患者さんたちの暮らしを写真に撮った展示のパネルを見ているうちに、『苦海浄土』のゆき女や杢太郎の爺さまの語りが甦ってきて、「声の劇場」で『苦海浄土』をやろうという気持ちになった。とはいうものの、どこからどう手をつけたらよいのか、まったく見当はつかないまま、関連の文献を集めたり読み漁ったりしていた。

二〇〇一年一〇月に水俣で初めて「水俣病展」（二〇〇一年一〇月一二日〜二一日、水俣市・水俣市立総合体育館）が開催されたのを機に、朗読家の内木明子さんと舞台美術家の林いずみさんらとともに水俣を訪れる。それまでは思い浮かべようとすると白黒でしかなかった海と空、そして岬や山に、眼から心に染み入るような、清冽な自然の色が付いた。同時に、チッソという企業が今日においてもどれだけ水俣にとって大きな存在であるかについて、JR水俣駅に降り立った途端、視界の真正面に位置するチッソ水俣本部の正門を見た瞬間から再認識するようになった。以後、今日に至るまで、水俣に通う日々が続いている。

『苦海浄土』を朗読するために、最初にしなければならなかったのは、方言指導をしてくださる方を探すことだった。何の手づるも目当てもなかった私は、水俣病センター相思社で自身の希望を述べて、協力してくださる方をご紹介願えないかと頼んだ。水俣病センター相思社とは、水俣病患者および関係者の生活全般の問題について相談を受け、解決を支援するとともに、水俣病に関する調査研究・普及啓発を行うことを目的として、一九七四年に創立された財団法人である。水俣病に関する一〇万点以上の資料を収蔵する世界最大のアーカイブがあり、「歴史考証館」という展示施設、そして患者・家族、水俣病について学びたいと考える人々が集い宿泊もできる施設がある。

相思社の職員・弘津敏男さんは、私の願いに対して、熟慮した挙句に、「二つ選択肢がありますね」と前置きしたあと、「その一つは水俣病の患者さん、もう一つは作家の石牟礼道子さんご自身で、たぶんこれは金井さんも御想像がつくと思いますが、実のところ、どちらも現実問題としてお願いすることは難しいと思います」とおっしゃった。患者さんたちにとって『苦海浄土』に描かれた患者たちの声を再現するということは、ご自身にとっての辛い経験を生きるということにほかならない。弘津さんは水俣市立水俣病資料センターで開催している「語り部」の話を聴く会での出来事について話してくださった。近年、環境学習の一環で水俣に修学旅行や社会見学に来る人々に向けて、「語り部」に登録されている患者さん自身が水俣病の体験を語るという試みが重ねられている。あるとき、ぎりぎりになってどうしても患者さんのお話を聴きたいという学校から連絡があり、その日は「語り部」を務めてくださる患者さんの手当がつかなかった。やはり諦めてもらおうかという話になったけれども、同じ日の午前中に他の学校の学生さんたちに向けて「語り部」をすることになっている患者さんに伺ってみたところ、せっかくの機会だから頑張ってお話させてもらいますと引き受けてくださった。しかし、午後の二校目の語りの最後には、その患者さんが憔悴しきって倒れる寸前の状態に陥ってしまった。傍で付き添っていて、患者さんたちは自分たちより先に亡くなっていった家族のこと、ご自身の発病から今日までのことを語りながら「生き直している」んだなと改めて感じたという。朗読の方言指導の際にも同じことが起こりうる。加えて、描かれた患者さんの語りのリズムやテンポに、ご自身の語りを合わせていかなければならないという課題もあって、おかけする負担は想像がつかないということであった。二つ目の選択肢である、原作者・石牟礼道子さんにお願いするというのも、ちょうど半世紀近くをかけた『苦海浄土』全編の完結に向けて（二〇〇四年に完成）、病身を押して執筆活動をされている現状を考えると到底お願いできるものではなかった。

当初から方言指導をしてくださる方を見つけるのは困難だろうと予想はしていたものの落胆の色を隠せない私に、広津さんが第三の選択肢として、「このスライド・ショーに語りをつけている方はどうですか？」と一本のビデオを手渡してくださった。ビデオは『もやいおうでいけんもんじゃろうか』（水俣病センター相思社／環境創造みなまた実行委員会制作、一九九四年）と題する「水俣の再生を考える市民の集い」で使用されたスライドとナレーションをビデオにしたものである。写真にオーバーラップしてゆったりと語られる、水俣弁の声の暖かさにすっかり魅了された私は、迷うことなく「この方をぜひ、紹介してください」とお願いした。

声の主は林里美さんとおっしゃる、水俣市内で「ゆるりの家」という支援の必要な方々のデイサービスのワーカーズ・コレクティブの代表者をされている女性であった。弘津さんによると、林さんはかつて相思社の近隣（相思社のあるエリアは水俣病の患者が激発した地域である）の市営住宅にお住まいで、お子さんたちが相思社主催の行事に参加されるなど地域で親交があった方である。『もやいおうでいけんもんじゃろうか』は一九九四年に水俣市長に吉井正澄氏が当選して以後、市民間の和解策（＝もやいなおし）を積極的に推進していく試みの一つとして作られたスライド・ショーであった。

ご紹介していただいて早速ご連絡をすると、林さんは私の藪から棒の申し出に対して、最初は「自分はヘルパーのしごとをしている者で、方言指導ができるような専門的な勉強をしている訳ではないから」と固辞されていたのだが、話し合ううちに、「このお手伝いをさせてもらうことを通して、私も水俣病のことを勉強させてもらえる気がするから」と引き受けていただくことができた。水俣に生まれて育ったから方言指導ができるのではない、現地にいながら、水俣病にちゃんと向き合ってこなかったから、これを機会に自身も学びたいと言ってくださったのである。後に林さんは、お父さんが生前チッソにお勤めだったということもわかり、チッソに働く側にいる人々の、水俣病の捉え方についても、多くをご教示いただくことになる。

英語を母語として生まれ育ちながら、日本語に魅了され、日本語で小説を書き続けるリービ英雄は「なぜ、日本語で書くのか」（『群像』一九八七年七月）において、一九七〇年ごろ、新宿の喫茶店で『金閣寺』を日本語で読んでいる最中に、傍にいた日本人から「でも、それはあなたのことばじゃないし、あなたの文学じゃないでしょう」と「日本語の所有権をあらわな形で問題にする日本人」と出会った逸話を記している。これは方言の問題を考えるときにも極めて示唆的な視座を提示してくれる。

そもそも方言を含んだ作品の朗読を試みる際に、わたしたちが最初に直面し、そしてどこまで行っても解決がつかないであろう課題の一つは、朗読者がその方言に関して母語であるかないかということである。もしその方言が朗読しようとする人自身の母語であれば、方言で朗読することの動機づけは比較的容易であるし、イントネーション、アクセントなど実際の読みに関する負担も少なくて済む。実際、俄仕立ての方言を聴くことほど居心地の悪いものはないというのは、誰しも経験することである。また日頃、標準語で話している人が母語としての方言で話す瞬間に立ち会うと、その人の生地を垣間見た気持ちになるのも確かなことである。しかし、それは観点を変えるならば、「朗読者にとって母語としての方言こそ本物である」という本質主義に陥る危険性を孕んでいる。結論から言えば、朗読される方言を使い手によって本物と偽物とに分節化し、使い手の出自によってその方言の使用の可否を決め付けるような本質主義に陥るのだとしたら、むしろ朗読などせず、黙読する方がいいと私は考えている。

朗読の際、イントネーションやリズムなどの発声の細部について、私はネイティブでないという不安から、可能な限り詰めたいという気持ちでしつこく林さんに問い質すのだが、いつも最後にくる林さんの反応は「水俣ではこげん言いますばってんが、私は母方が水俣でん山の方ですけん、ひょっとしたらあの頃の浜の漁師さんたちの使うとんなったとは、ちぃと違うとるかもしれませんばい」というもので、ご自身が水俣を代表しているというところには決して立たない。

水俣に通うようになってから、相思社の職員さんたちを介して、あるいは自身でめぐり合って、たくさんの患者さんやそのご家族から体験談を伺う機会があった。また、石牟礼道子さんにもお眼にかかり、『苦海浄土』の執筆や水俣病問題に半世紀近く関わり、患者・家族に寄り添って支え、また運動の先頭に立って闘ってこられた歳月についてお話を伺うこともできた。そうした出会いによって計り知れないほど多くのものを享受し得たことは、どんなに書いても書ききれないほどである。しかし、方言指導を林里美さんにお願いできたことで、「水俣病事件の当事者とは誰なのか」そして「誰がどんなことばで語り伝えていくのか」という問題について、水俣の人々とともに考え始める起点ができたことは確かである。

私が林里美さんと出会い、早稲田大学での初演、日本大学での再演ほか、二〇〇四年までの公演に出演してくれた朗読家・内木明子さんと協働して模索していたのは、「朗読の際の方言は誰のものか」ということでもあった。

上演の際に配布する「声の劇場『苦海浄土』パンフレット」で、「『苦海浄土』を読み解くための五つのキーワード」の一つとして、内木明子さんが「(五) じいちゃんもタコも「もぞかとばい」――水俣のことば」と題する文章を書いているので、引用しておく。

今回の『苦海浄土』では、初めて方言での朗読にチャレンジしました。

とはいえ、私にとっては水俣はおろか熊本も九州も、まったくこれまで関係を持たなかった土地。どのような発音で、どのような語彙なのか見当がつかず、外国語を習得するような気持ちでいました。

しかし、二〇〇一年に実際に水俣を訪れ、人々の会話を聞きますと、そんな私の不安をかき消してしまうほどに、水俣の言葉は力強く温かいものでした。矛盾した言い方ですが、初めて聞いた言葉なのに、初めて聞いた気がしない。そして、単語一つ一つの意味は正確にはわからない部分もあるけれど、おおよその意味はなんとなく理解できる。不思議な感覚でした。

これはスタッフ同士で話していたことでもあるのですが、方言でも外国語でも、未知の言語を聞くとき、私たちは自ずと言葉の調子や話し手の表情・身振りなどから相手がどういうことを言っているのかを察しようとします。喜怒哀楽だけでもなんとかつかめないかと瞬間、必死になります。

今回に関していえば、私はこれほど、異国の言葉に耳を傾け、その異国の言葉そのものと、それで書かれた内容を人に伝えようとしたことはかつてなかったと思います。日ごろは標準語で書かれた作品（作家や作品固有の文体や語彙はあるにしても）を朗読することに慣れてしまっているのだと、今さらながら気づきました。

練習は、林里美さんからいただいた朗読テープを聴き、自分でも発声し、また黙読し、またテープを聴く、その繰り返しでした。この夏には再び水俣に行き、林さんから直接ご指導を受けました。

次第に耳が水俣の言葉に慣れてくるうちに、この言葉でなければ決して表現できない世界、それが『苦海浄土』なのだと、実感として感じられるようになりました。

以下、文中のわかりづらいと思われる言葉に説明をつけました。ご参考になさってください。

- 「じいちゃん」＝ゆきの夫の茂平のこと。
- 憩（よけ）＝お休み。休暇。
- だれやみ＝疲れ直しの酒。
- おる家（げ）・うち家（げ）＝自分の家。
- 魚＝「うお」または「いお」と発音する。
- 巨（ふと）か泉水＝不知火海を指している。
- だってでん＝だれでも。
- 中風（ちゅーぶ・ちゅーふ）＝腕・脚・半身などが麻痺または不随となる病気。
- もぞか＝可愛い。

・艫櫓（ともろ）＝艫（船尾）に近い櫓。
・脇櫓＝艫櫓の力を助けるために取り付けた櫓。
・エベスさん＝七福神の恵比寿神。海・漁業・商売繁盛の神とされている。
・伝馬船（てんません・でんません）＝木製の小舟で、貨物運搬に使われた舟。
・ぐらしか＝可愛そう。

なかでも、「もぞか」は、キーワード中のキーワードです。「じいちゃん」もタコも大好き――ゆき女の気持ちになって朗読します！

（内木）

二〇〇一年の夏、『苦海浄土』を朗読する計画があることを打ち明けた折、それまで「声の劇場」というユニットを共に創ってきた（それまでに上演していたのは樋口一葉の『十三夜』と幸田文の『おとうと』であった）内木さんは、悩み抜いた末に「水俣病の問題に当事者性のない私が『苦海浄土』を読むことが許されるとは思えない」と一旦辞退した。が、ともかく一度、水俣へ行こうという私の誘いに、美術担当の林いずみさんとともに付き合ってくれ、また方言指導の林里美さんの声に自身をシンクロさせていく中で、内木さん自身が水俣行きに意欲を見せはじめ、「次はいつ、水俣へ行きますか？」と聞くほど水俣を懐かしい場所にして行ったのは、驚きであった。ちなみに私は九歳から一一歳までの三年間、長崎に暮らしたことがあるので、九州のことばである水俣弁には比較的馴染みやすかったが（その分、油断していると長崎弁のイントネーションが頭をもたげるという問題を抱えることにもなったのだが）、生まれも育ちも横浜の彼女にとってはまさに「異国の言葉」だったに違いない。

「ゆき女になる」ことは誰にもできないが、朗読を通じて「ゆき女の気持ちになってみよう」とすることは誰にでも開かれている。それは『苦海浄土』が書かれ、刊行された段階で、この作品の使命として切望されていたことなのである。『苦海浄土』は、読む者を標準語の世界から九州の熊本、その西端に位置する水俣の海辺へ連れて行き、そこで暮らす水俣病を病む人の心と体に向き合わせ、近しい存在として受け入れて、今度は標準語の世界を改めて見詰めなおす誘惑に満ちた作品として創作されている。これについては、次節で詳しく述べることにしたい。

三、何をどのように届けるか——脚本の作成の中で

今回、朗読の対象として取り扱っているのは、正確にいえば『苦海浄土』第一部である。先にも触れた一九六九年に講談社から刊行されたものである。この後、第二部は雑誌「辺境」に一九七〇年から八九年にかけて断続連載されていたが、長らく単行本化されることはなかった。一九七四年に筑摩書房から刊行されている『天の魚』が、完結後には『苦海浄土』第三部となる。二〇〇四年四月に、『苦海浄土』は藤原書店から刊行された『石牟礼道子全集』の第二巻と第三巻に収録される形で第一部・第二部・第三部が完結した。全編に加筆・改稿をほどこし、明らかになったその全貌はゆうに千枚を越える長大なものとなった。最初の一篇が発表されたのが一九六〇年一月（「奇病」と題して雑誌『サークル村』に掲載）であるから、四四年目のことになる。

第一部では水俣地方に奇病が発生しているという報告が保健所に入り始めた一九五〇年代半ばから、一九六八年一〇月に政府が水俣病について公式見解を発表し、厚生省が水俣病を公害病と認定したことを受けて、患者や家族が補償交渉を開始する直前までを描いている。

朗読脚本としては時間的な制約（今回の脚本は上映時間にして五五分程度）もあり、長編作品なので構成が必要になる。第二章「ゆき女きき書」の「五月」と「もう一ぺん人間に」、第六章「とんとん村」の「春」を対象のテキストに選び、耳のみで追ってもらうことにも配慮して時系列を意識しつつ、構成した。『苦海浄土』の世界は、

著者の石牟礼道子自身を投影させた「私」あるいは「わたくし」が、自身も入院していた病院で不知火海沿岸の漁村に発生し始めた奇病の存在を知り、関心をもって患者と家族の暮らしを見舞ううちに、病気によって差別され地域社会で完全に孤立し、漁業で生計を立てることもできなくなった彼らの窮状を世間に伝えなければならないという使命感を持って、耳目に触れたものや調査したことを報告するという大きな枠組みを持っている。テレビやインターネットによって、映像を伴った現地レポートが速報性を持ってできる現代とは異なり、当時＝一九五〇年代半ばから六〇年代にかけては、九州の地方都市、それも漁村で発生した事件について、新聞や雑誌の記者でもない、一個人（第一部ではいまだ物書きですらない「一主婦」であることに繰り返し言及されている）が社会の関心を継続的に喚起することは至難の業であった。しかし、『苦海浄土』という作品は、奇病の原因物質を排出している企業が特定されたにもかかわらず、行政の対応の遅れによって被害が拡大し続けている現状や、その企業が患者の人権をないがしろにして責任の回避をし、問題の解決を怠っている状態を、社会に向けて鮮烈にアピールするという役割を果たし得たのである。

しかし、わたしたちが決して見逃してはならないのは、『苦海浄土』が「水俣病問題」を社会正義の視点から描くドキュメンタリーではなく、同作品の第一部が刊行されたときのサブ・タイトル「わが水俣病」に象徴的に表されているように、水俣病を「わたくしごと」として捉え、患者と家族に寄り添い、その「償い」を求める遙かな道程を、今日に至るまで歩き通して描かれた文学作品であるという点である。第一部が文庫版になる際に、石牟礼は「あとがき」で、

白状すればこの作品は、誰よりも自分自身に語り聞かせる、浄瑠璃のごときものである。

と記している。また、『苦海浄土』全編の中で、幾度も自身や支援者たちを「黒子」になぞらえている。後年、俳優の砂田明が『苦海浄土』第一部の「天の魚」の章を、患者の老人の語りに焦点化して、本文にかなり忠実な一人芝居にし、全国を巡回して高い評価を得たが、まさにこれは『苦海浄土』が「語り物」の芸能作品として成立している証左となろう。また、近年では『苦海浄土』を「本来ヴァーバル・パフォーマンスとしてのテクストであったように思える」「何らかのパフォーマンスをしなければ沈黙したままになる楽曲のような本」（慶田《けいた》勝彦「水俣の民族史的近代―「聞き届けられた声」の行方」丸山定巳《さだみ》・田口宏昭・田中雄次・慶田勝彦編『水俣の経験と記憶』熊本出版文化会館、二〇〇四年）との評価もある。

『苦海浄土』は、近代小説とはまったく異なる、近世の人形浄瑠璃あるいは中世にまでさかのぼる古浄瑠璃の語りに彩られている。中でも、患者の「聞き書き」の部分は、芸能用語でいうところの「口説き」（曲の中心となり、最もしんみりとして振りも十分に見せ、唄を聞かせる部分のこと）や「触り」（曲中の聞かせ所）に該当する。臓腑をえぐるような怒りや悲しみを伏在させつつも、語るうちに、不知火海の恵みを存分に受けた漁師としての日々、貧しいながらも家族や村人たちと労《いた》わり合い、誇りをもって生きてきた日々が甦る。しかし、『苦海浄土』を社会派のルポルタージュとして受け取ろうとする人々にとっては、この文芸的な「聞き書き」部分は、その量や質の点から言って、「水俣病問題」を告発する書としては過剰で逸脱したものとして受け取られた。『苦海浄土』の第一部は、講談社から刊行されたが、それ以前に、この作品の産婆役である上野英信が岩波書店に『岩波新書』の一冊として刊行の依頼を持ちかけたところ、却下されている。

先ほど私は、「文芸的な」に傍点を振り、聞き書きにカッコを付したが、その理由は、これらの部分が実際には、極めて戦略的な見地に立って創出されたフィクションであったからである。

石牟礼はこの点について後に、水俣病に関しての運動体が生まれるための反状況を作るために、タテマエの組織論ではなく、魂や情念を表現する文体が必要であり、それが「聞き書き」という形のフィクションであったと語っている（上野英信との対談『苦海浄土』来し方行く末」『潮《うしお》』一九七三年一二月）。そして、自分自身はその文体に身を隠しながら、運動へとつながるような状況の萌芽がぽつぽつ見えると、文体の中から出て行き、わからないようにそれをつないで行ったという。患者のモデルが語ったり、筆者が語ったりと、相互に変身しながら芝居のように作品世界を創っていくことで、運動の内的必然を白熱させていく方法は、「しぜんに意図して書いた」ものであるとも述べている。

興味深いのは、石牟礼自身もまた、こうしたフィクションとしての「聞き書き」という文体で『苦海浄土』を書き上げた後でなければ、「水俣市民会議」のような支援運動に入って行けなかったと語っている点である。石牟礼にとっては、患者にトランスして、フィクションとして患者の世界を生きることなくしては、「水俣病問題」を戦うことは不可能であった。また、『苦海浄土』を読んでこの問題の抱える「のっぴきならなさ」に気付き、さまざまな形で運動に参加することになる人々にとっても、ゆき女や杢太郎《もくたろう》の爺さまや仙助《せんすけ》老人の声を、患者自身の声として――それこそ、実際の患者に対面する以上にリアルに聞き届けるという文学的体験は、不可欠なものであった。

そして何よりも重要なことは、かつて同時代のドキュメンタリーとしては意味づけし得ない過剰なものとして映じた、このフィクションとしての「聞き書き」の部分が、半世紀を経た今、いささかも時代遅れの感を与えないばかりか、優れた語り芸がまさにそうであるように、登場人物がまざまざと甦り立ち現れて、私たちに問いかけてくるところである。患者たちに「語りかけられた」「声を聞いた」という文学的体験が、私に、私たちに、そして水俣病を知らない未来の人々に、かけがえのない記憶を創るのである。

ただ、黙読していたものを声に出して「語る」とき、『苦海浄土』の語りもまた「書きことば」であることに、改めて気付くことになった。脚本をお渡しして二ヶ月ほど経った時点で、林さんから「どうしても書きことばになっていて読みづらいところは、最低限、手直しをして朗読していいか」という電話をいただいた。『苦海浄土』の方言による語りの箇所を極めて生々しいものとして受け取っていた私は、一瞬、何のことか解らなかったのだが、脚本の冒頭に近い箇所――漁村で「だれやみ」（疲れなおしの酒）を呑んでいる男たちが通りがかりの人間に声を掛ける台詞について、

――おる家《げ》の前を素通りする法があるか。挨拶に呑んでゆけ。（原文）

とあるのを、

――おる家《げ》ん前ば素通りする法があっかぁ。ほっ、挨拶に呑んでいけ。（脚本）

と直して読みたいということなのである。情景が浮かぶと、そこにいろんな人の顔が出てきて、その顔に「おる家《げ》の前を素通りする法があるか。挨拶に呑んでゆけ」と語らせると畏まってしまい、ちっとも親しみが湧いてこないという。

このことに関しては、東北の方言詩人・伊奈かっぺいが「「正しい日本語」が方言を圧殺する？――方言の曖昧な表現力はいつまでも健在です」（『望星』二〇〇二年一〇月）と題するインタビューにおいて、「一度書きことばに直したことで方言の持ち味がなくなってしまうか」という問いかけに対し、卓抜な答を記している。

たとえば私が方言で文章を書いても、そのままで読まれるわけではないんです。

たとえば東北発音では、シとス、イとエの混同が顕著で、それにルビを振ったりするぐらいのことで正確に文字に表すことはとうてい無理なんです。書くといっても、この発音はスに近いかシに近いか、自分の話すことばに照らし合わせながら、とりあえずメモしているようなものです。これをもしＮＨＫのアナウンサーにきちんと読んでもらったら、それは方言でも何でもなくなるでしょう。

活字の並ぶ本文中で見ると、方言で書かれた記述は異彩を放つ存在感を主張しているが、それでも「書きことば」の縛りがかかっているのであり、アクセントやリズムは口承でないと立ち上がってこない。不思議なことに、林さんとの電話の向こうで林さんの肉声による「おる家《げ》ん前ば……」という威勢の良い響きが聞こえてきたら、会ったこともない漁師の酒焼けた赤銅色の顔がはっきりと見えてきたのである。

それは、重篤な病によってもう二度と不知火海へ漁に出ることは叶わないであろうゆき女が、春の磯を思い浮かべるところでも顕著である。

どのようにこまんか島でも、島の根つけに岩の中から清水の湧く割れ目の必ずある。そのような真水と、海の強い潮のまじる所の岩に、うつくしかあをさの、春にさきがけて付く。磯の香りのなかでも、春の色濃くなったあをさが、岩の上で、潮の干いたあとの陽にあぶられる匂いは、ほんになつかしか。

そんな日なたくさいあをさを、ぱりぱり剝いで、あをさの下についとる牡蠣を剝いで帰って、そのようなだしで、うすい醬油の、熱いおつゆば吸うてごらんよ、都の衆たちにゃとてもわからん栄華ばい。あをさの汁をふうーふういうて、舌をやくごとすすらんことには春はこん。

（原文）

どげーんこまんか島でん、島の根つけにゃ岩ん中かっ清水ん湧く割れ目んかなーらずあっと。そげん真水と、海のつよーか潮のまじっとこん岩に、うつくしかあをさん、春にさきがけ付くとー。磯の香りんなかでん、春の色濃ゆなったあをさが、岩ん上で、潮ん干いたあとん陽にあぶらるっ匂いは、ほーんなこてなつかしかー。そげん日なたくさかあをさば、ぱりーぱり剝いで、あをさん下についとっ牡蠣ば、剝いで帰って、そげんだしで、うすーか醬油ん、熱っかおつゆば吸うてごらんよ、都ん衆たちにゃとってもわからん栄華ばーい。あをさの汁ばふうーふういうて、舌ばやくごとすすらんことにゃー春はこん。

（脚本）

林さんが補綴してくれた脚本では、原文の「ぱりぱり」や「ふうふう」といった擬態語が蠢き出し、漁婦・ゆき女の得意げな物言いが「都の衆たち」を挑発してくる。ここでは、春の磯に溢れる海の幸をゆき女が自慢すればするほど、「都ん衆たち」の流した毒で海が汚され、あおさも牡蠣もゆき女の命も損なわれ元には戻らなくなったことが余韻として聞き手の胸に響く。

また、水俣病に罹患した漁師たちの多くが、正確には水俣弁というより、天草弁と水俣弁とがない合わさったことばを話していたということもわかってきた。石牟礼道子が「どこで生まれた者かわからんように」（『潮の呼ぶ声』毎日新聞社、二〇〇〇年）にも指摘しているように、水俣の漁師たちは「天草ながれ」（＝天草から零落して流れてきたという意味）という蔑称がささやかれたように、不知火海を挟んだ対岸の天草から、流離してきた人々が多かった。船と身体だけでやってきた彼ら・彼女らはしかし、水俣病に罹るまでは豊かな海を相手にほぼ自給自足の、「都ん衆たちにゃとってもわからん栄華」を享受してもいたのである。チッソの企業城下町で暮らす水俣市民にとって、「無塩の魚」（刺身）をご飯の代わりに丼で食する漁師たちの生活が、民度の低い前近代的なものに映り、奇病発生当時、「あの病気は売れ残りの傷んだ魚を食べる漁師特有のものだ」という風評が立ったのも、そうした生活習俗の違いが背景にあった。

『苦海浄土』の元・漁師だった患者たちの語りは、財産らしいものを何も所有していないように見える彼らが、実は豊かな海を相手にそこで家族で力を合わせて漁をして、自然の恵みを存分に味わって生きてきた無類の分限者であったということ、水俣病は彼らの身体を蝕んだだけでなく、生活の基盤を根こそぎ奪ったことを、読む者に知らしめる。

得体の知れない奇病に罹った人物を、遠目に眺めるのではなく、心の声が聞こえる距離に寄り添い、耳を済ませることを促すのである。『苦海浄土』を方言で声に出して読むことは、朗読する側にもそれを聴く側にも、そのことを否応なく意識化させることになる。

四、おわりに——さまざまな声が交響する場を創る

しかし、『苦海浄土』という作品の凄味は、豊かな生活体験を深々と湛えている存在としての彼らを、いわば実験の対象として冷厳な眼差しで眺め、その観察結果の報告にも読者を付き合わせるという点である。

水俣市立病院水俣病特別病棟X号室
坂上ゆき　　大正三年一二月一日生
入院時所見
三〇年五月一〇日発病、手、口唇、行為の痺れ感、震壇、言語障害、言語は著明な断綴性蹉跌性を示す。歩行障害、狂騒状態、骨格栄養共に中程度、生来頑健にして著患を知らない。顔貌は無欲状であるが、絶えず

Atheotse様Chorea運動を繰り返し、視野の狭窄があり、正面は見えるが側面は見えない。知覚障碍として触覚、痛覚の鈍麻がある。

このゆき女の容態を捉える視線と語りは、患者の内面に一切立ち入らず、共感を示すこともない。それは、やはり「五月」に引用されている、「熊本医学会雑誌」第三一号掲載の研究論文「猫における観察」の以下のような文章と共通するものである。

ソノ猫ハ動作ガ緩慢デ横ニユレルヨウナ失調性ノ歩行ヲスル。階段ヲ降リル時ニ脚ヲ踏ミハズシタガ、コレハオソラク目ガミエナイコトモ原因ノ一ツト考ヘラレタ。魚ヲ鼻先ニ持ッテユクト、付近ヲ嗅ギ回ルノデ嗅覚ノ存在スルコトハワカル。皿ニ噛ミツイタトイウ状態モミラレタ。発作時以外ニ鳴クコトモナク、耳モ聞エナイヨウデ、耳ノソバデ手ヲタタイテモ反応ガナイ。

ほかにも、熊本大学医学部病理学武内忠男研究室に収蔵されている、小児患者の小脳に関する所見の文章や、同じ患者の水俣市役所衛生課水俣病患者死亡者名簿の記録の文章が、ゆき女自身の問わず語りの間に、明らかに戦略的に配置されている。ゆき女の内的世界に息づく豊かな追想や家族への情愛を閉て切る如く、比類ない激烈な病状が描写され、生体実験の対象である猫へと接続されていくのである。

第三章「ゆき女きき書き」の「五月」には、ゆき女の入院時のカルテが冒頭に置かれており、今回の脚本でもそれを組み入れている。また、早晩やってくるゆき女の死を先取りするかのように、「わたくし」は武内教授の許しを得て一人の女性患者の解剖に立ち会っている。今回の朗読では、こうした一連の医学の客観的な語りを、肉声ではなく音源（男声）によって機械的に再生して、ゆき女の体温が伝わってくるような朗読者の語りに屹立させている。

これについては、先にも挙げた「声の劇場『苦海浄土』パンフレット」の「『苦海浄土』を読み解くための五つのキーワード」において、私自身が「（四）人間を料理するまな板――学用患者と病理学」と題して次のような文章を書いているので引用しておく。

水俣病の原因の解明とその治療ために、認定された患者さんたちは熊本大学の附属病院で検査や投薬を受けることになりました。「学用患者」と呼ばれた彼らは、亡くなった後にも献体して詳細な解剖を受け、貴重なデータを後世に残すことになったのです。ゆき女は大学病院にある解剖台を「人間ば料（こさ）ゆるまな板」＝人間を料理するまな板と呼んでいます。いつの日か自分もそこに横たえられることを、懼れながら思い描いています。

水俣病の原因が有機水銀であると解った後も、運動神経と知覚神経とに作用するさまざまな症状について、どのレベルを越えていたら治療や補償が受けられる「認定患者」とするかという認定基準をめぐって、アカデミズムと行政の判断は時々で一定せず、そのために未認定の患者さんたちは今日に至るまで長い闘争を余儀なくされています。

水俣病センター相思社の弘津敏男さんからお話を伺っているとき、「水俣病の究明の過程で、関わった研究者には一〇〇以上の博士号が出たけれど、実際の患者さんたちにどれくらいその成果が還元されて治療の助けになっているかといえば……」と言いよどまれたのも、ずしんと来ました。今回、「病理学は死から出発するのですよ」という教授のことばと、学用患者の解剖のシーンを入れたのですが、教授に向き合い、解剖に立ち会う「わたくし」＝石牟礼道子さんを思わせる語り手の眼差しは、どこまでも厳しくそして暖かです。私自身、正直を言えば、解剖の場面など思い描いただけでも眩暈がしそうに苦手なのですが、『苦海浄土』で、切り取られた学用患者の心臓から最後の血が出たくだりを読んだとき、気持ちが悪いのではなく、無性にいとおしくなりました。「文学も死から出発する」ことに改めて気づかされた瞬間でした。（金井）

先に、『苦海浄土』という作品の凄味は、豊かな生活体験を深々と湛えている存在としての彼らを、いわば実験の対象として冷厳な眼差しで眺め、その観察結果の報告にも読者を付き合わせるという点にあると述べたが、それと同様に看過できないのは、「わたくし」が患者たちと医療従事者たちとのはざまで、「いま／ここで起こっていること」を一生活者（『苦海浄土』第一部の執筆時において、石牟礼道子は地元の主婦として関わり始めた）の声で伝えようとしている点である。

今回の朗読では、女性学用患者の解剖のシーンを収録したのだが、そこでの「わたくし」は、自身が病理学的解剖に立ち会うことの意味を、「わたくしにとって水俣病の死者たちとの対話を試みるための儀式であり、死者たちの通路に一歩たちいることにほかならない」としている。「わたくし」の解剖を実況する語りは、つとめて冷静であるが、同時に死者への敬意や、なお言えば同世代の女性として人生を格闘した者への共感や哀憐が滲む、秀逸な語りである。最後の部分のみ紹介しておく。

彼女の内臓は先生方によって入念に計量器にかけられたり、物さしを当てられたりしているようだった。医師たちのスリッパの音が、さらさらとセメントの解剖台のまわりの床をするのが、きこえていた。
「ほらね、今のが心臓です」

武内教授はわたくしの顔をじいっとそのような海の底にいて見てそういわれた。青々とおおきく深い海がゆらめく。わたくしはまだ充分持ちこたえていたのである。

ゴムの手袋をしたひとりの先生が、片掌に彼女の心臓を抱え、メスを入れるところだった。わたくしは一部始終をじっとみていた。彼女の心臓はその心室を切りひらかれたとき、つつましく最後の吐血をとげ、わたくしにどっと、なにかなつかしい悲傷のおもいがつきあげてきた。死とはなんと、かつて生きていた彼女の、全生活の量に対して、つつましい営為であることか。

死ねばうちも、解剖さっとよ。

漁婦坂上ゆきの声。

女性学用患者の解体に立ち会う「わたくし」の耳に、「死ねばうちも、解剖さっとよ」という病床のゆきの声がオーバーラップしてくる。解剖の当初、「ものいわぬ死者、あるいはその死体はすでに没個性的な資料である」と思い込もうとして臨んだ「わたくし」は、切り分けられていく女体に不思議な親近感を覚え始め、そしてゆき女の声を聴く。ここでの「死ねばうちも、解剖さっとよ」は、ゆき女から「わたくし」へといった指示対象が明確な「語りかける声」ではなくて、学用患者の遺体を媒介にして「わたくし」あるいは読者に「聞こえてくる声」である。換言すれば、「没個性的な資料」として標準語の支配する世界＝アカデミズムに供された死者が固有の声と結びつく瞬間なのである。実際の朗読の際の解釈として、私はこの「聞こえてくる声」としてのゆき女の科白を、苦渋に満ちた悲惨な叫びとしてではなく、名も無き死者を「わたくし」や読者に媒介する役割を果たすものと捉え、むしろ歌い継がれてきたわらべうたを歌うように語ることにしている。

ここで改めて言うまでもなく、方言の響きはそのことばを口にする人の息遣いや体温を伝える生々しさを喚起するが、その一方で、一個人を超越する側面も持っている。これはともすればその場を脱時間的な空間にしかねない(たとえば、遠野の囲炉裏端で語り部の民話を聞いていると、そこが二一世紀であることを忘れてしまうような)要素があるが、そこで語られた感慨や意思、祈りを一回性のものに終わらせない潜勢力がある。地域のことばは標準語に比較すれば特異であるが、その特異性は受け継がれることによって時を越える力を持つ。

ただしそれは、そこで語られていることばの響きを積極的に受け止めようとする聞き手が存在するときにのみ効力を発揮するものなのである。聞き手が理解不能と判断すればその時点で終わりになるし、アクセントやイントネーションの差異を「洗練されていない訛り」と認識すれば、違和感によって発話内容を素直に受け取ることすら覚束なくなってくる。すなわち、方言を追体験することは語り手の技が要求される以上に、それを受け止める聞き手の力が試される場でもあるということなのである。

『苦海浄土』は、初版が刊行された一九六〇年代には、「水俣で起きていること」を同時代の生々しい出来事として伝播するために方言を戦略的に多用し、そして完結した今日にあっては、水俣病問題がまだ終わっておらず、そればかりか病の契機となった生産性中心の効率主義が形を変えて加速している現況に警鐘を鳴らしている。

一九六〇年代に比べて二〇〇〇年代、方言を追体験するための語る技や聴く力が豊かになったか衰微したかは議論のあるところであろうが、日本が二〇世紀にひきおこし、いまだに解決をつけられない負の遺産としての水俣病事件――それを中核に据えた『苦海浄土』は、その中で交わされたさまざまな声にわたしたちを向き合わせて、語り/聴くことの力の根源へ導いてくれるのである。

(早稲田大学・日本近現代文学)

第九章

朗読と言語的多様性に関する一考察
——太宰治「走れメロス」を教材として——

永井　聖剛

一、はじめに

教室空間の読書行為において「声に出す」ことよりも「声に出さないこと」が上位に階層化され、さらにその「音読」と「黙読」とが生徒の発達段階との相互関係の中に位置付けられるようになったのは、一九五〇年代以降のことであるという。(1)それ以来、半世紀近い年月の間、この認識はほとんど問いただされることのないままに生き長らえてきた。近年進行しつつある「声の再評価」という事態は、そうした価値観への異議申し立てなのだ、とひとまずは言うことができよう。要するにこれは、活字の黙読に象徴されるような理性的・個人的な営為としての読書行為・解釈行為を、より身体的で、なおかつ教室という読書空間の中に開かれていくようなものとして見直そうという動きである。

一方、教室に声を復活させる試みの過程で、テクストの加工という問題が進行しつつあることに注意を促しておきたい。たとえば、小稿で扱う「走れメロス」(『新潮』一九四〇年五月)に限って言っても、これを朗読劇用にリライティングした上で教室で用いた実践例[2]は容易に見出すことができるが、その加工行為の過程で何が起こっているのかについて言及したものを目にしたことはない。しかし、このテクスト加工には明らかに何らかの解釈あるいは恣意が入り込んでいるはずであり、しかもそれが教室空間に持ち込まれるものである以上、このことについて無自覚であることは許されないのではないか。

この報告の基本的なスタンスであるが、まず「走れメロス」という文学テクストを声に還元すること、あるいは、このテクストを読むために加工することが孕む問題点をいくつかの角度から考えてみたい。おそらくそこからは、そもそも三人称で語られた文学テクストを読むことの困難が見えてくるはずである。さらに、その困難を理解した上で、それでも声に出して読むためにはどうしたらよいのか、また、そうすることの可能性はどこにあるのかについて、ささやかな提案ができればと考えている。なお、「走れメロス」は、一般に中学二年の定番教材として読まれているが、本報告では、テクストの持つ可能性を測定するために、あえて中二用テクストという先入観を除いた上で考察することにし、本文は新潮文庫版を用いた。

二、人称という問題

勤務先が、文学テクストの分析・研究よりも創作にウエイトを置く学科であるために、学生の書いた小説を読むことが多いのだが、そこに勤め出るようになってまず最初に驚いたことは何だったかというと、それらがほぼ例外なく一人称小説だったことである。訊ねてみると、人称のことなど考えたこともなかったという学生も少なくない。ただしこれは、私の勤務先だけでの傾向ではなく、文芸誌などを見ても同様だから、いまさら驚くべきことではないのかもしれない。また、学生の書いたものの文体的傾向として、きわめて平易な口語体かいわゆる饒舌体が好まれているということにもまもなく気付いた。要するに、全体としては、声を現前させやすいような文体が好まれているということになるだろう。

「一人称物語は、われわれに定義された厳密な言語―文学理論的な意味ではフィクションでない」と述べたのは、ケーテ・ハンブルガーである。「正確な意味でのフィクション的な語りは、一人称が語る文学の語りの構造ではなく、三人称が語る文学のそれのみであり、文学一般の言語理論的記述は、このフィクション的語りにおいて始めることができるのである」（植和田光晴訳『文学の論理』松籟社、一九八六年六月）。どうして一人称で語られた小説は小説《フィクション》ではないのか、それは、一人称の語りは私たちの現実＝日常言語との差異が見出せないからである。

ほんとうにそれは小説《フィクション》ではないのかという議論は措いておくとしても、一人称が（あるいは一人称でしか書けないことが）小説の言語、つまり非日常的な言語としての可能性を多少なりとも狭めてしまっていることは否定しがたいだろう。少なくとも、小説を学ぼうとする者は、一人称と三人称の特徴をふまえた上で、より題材に適した方を選ぶ、くらいの気構えがほしい。

今日、発表されている文学作品には、一人称小説が増えているのではないだろうか。（中略）そうして、それらの作品には、ただ何となく楽に書けそうに思って、一人称体を択んだだけのようなものがしばしば見受けられるのである。勿論、三人称小説も書かれてはいる。だが、そのほうの作品にしても、作者は三人称で書いていることを忘れているのではないか、一人称小説と変わりはないではないか、三人称を択んだ理由があるのか、と思える作品が少なくないのだ。

しかし、一人称体と三人称体は慎重に選択すべきなのである。どちらの形式にも、それぞれに取得と弱点があるからである。書こうとしている作品のモチーフ——つまり書きたいことを表現するうえで、どちらのほうの取得がより役立つか、弱点から逃れやすいか、それが選択の因になる。ということは、作品の具体的な構想がある程度まで膨らんでみて、選択をなし得るわけである。そうして、執筆中は、択んだ人称体の取得を極力生かすように、弱点に足を掬われないように、終始努めなくてはならない。

（河野多惠子『小説の秘密をめぐる十二章』文藝春秋、二〇〇二年三月）

小稿はもともと、一人称しか知らない学生たちに、三人称の語りの仕組み、ひいては小説という非日常的な言語システムについて意識的になってもらうための授業を構想するにあたって、太宰治「走れメロス」を有効に使えないかという思いつきから構想されたものでもある（有志の学生数人と行った勉強会の実践報告でもある）。それにしても、どうして「走れメロス」なのか。それはこの小説が、一人称と三人称との境目のあいまいな領域をきわめて戦略的に利用しながら読者を物語世界内に取り込む機構を備えていて、人称について意識的であることを読む者に求めるテクストだからである。

なお、「走れメロス」の語りの特質を見極めるための手続きとして、まず先に、平準化された近代文学の文体を仮想し、それを座標軸のゼロ地点に据えておくのが便利だろう。次節では、島崎藤村の『破戒』（緑蔭叢書、一九〇六年三月）を例にとって、その大まかな特徴を確認することにしたい。

三、小説の言語的多様性について

日本の近代文学の歴史において、小説の言語がすべて言文一致体になるのは自然主義文学の成立とほぼ同時期のことである。[3] その一つの達成と位置付けられ得る島崎藤村『破戒』は、次のような三人称文体を採用していた。

其日、丑松は学校から帰ると直に蓮華寺を出て、平素《ふだん》の勇気を回復《とりかへ》す積りで、何処へ行くといふ目的も無しに歩いた。新町の町はづれから、枯々な桑畑の間を通つて、思はず斯の郊外の一角へ出たのである。積上げた『藁によ』の片蔭に倚凭《よりかか》つて、霜枯れた雑草の上に足を投出し乍ら、肺の底までも深く野の空気を吸入れた時は、僅に蘇生《いきかへ》つたやうな心地になつた。見れば男女の農夫。そこに親子、こゝに夫婦、黄に揚る塵埃《ほこり》を満身に浴びながら、我劣らじと奮闘をつゞけて居た。籾を打つ槌の音は地に響いて、稲扱《いねこ》く音に交つて勇しく聞える。立ちのぼる白い煙もところどころ。雀の群は時々空に舞揚つて、騒しく鳴いて、軈《やが》てまたぱツと田の面に散乱れるのであつた。（第四章）

ちなみにこの部分は、同じ島崎藤村の『千曲川のスケッチ』（佐久良書房、一九一二年一二月、以下『スケッチ』と略称）を下敷きにしたものである。

ある日、復た私は光岳寺の横手を通り抜けて、小諸の東側にあたる岡の上に行つて見た。午後の四時頃だつた。私が出た丘の上は可成眺望の好いところで、大きな波濤《なみ》のやうな傾斜の下の方に小諸町の一部が瞰下《みおろ》される位置にある。私の周囲には、既に刈乾した田だの未だ刈取らない田だのが連なり続いて、その中である二家族のみが残つて収穫《とりいれ》を急いで居た。

雪の来ない中に早くと、耕作に従事する人達の何かにつけて心忙しさが思はれる。私の眼前《めのまへ》には胡麻塩頭の父と十四五ばかりに成る子とが互に長い槌を振上げて籾を打つた。その音がトンと地に響いて、白い土《つち》埃《ほこり》が立ち上つた。母は手拭を被り、手甲《てつかふ》を着けて、稲の穂をこいては前にある箕の中へ落して居た。その傍には、父子《おやこ》の叩いた籾を篩《ふるひ》にすくひ入れて、腰を曲げ乍ら働いて居る、黒い日に焼けた顔付の女もあつた。それから赤い襷掛に紺足袋穿といふ風俗《なり》で、籾の入つた箕を頭の上に載せ、風に向つてすこしづゝ振ひ落すと、その度に粃《しひな》と塵埃《ほこり》との混り合つた黄な煙を送る女もあつた。

日が短いから、皆な話もしないで、塵埃《ほこり》だらけに成つて働いた。岡の向ふには、稲田や桑畑を隔てゝ、夫婦して笠を冠つて働いて居るのがある。

（「収穫」）

まず、後者から見ていく方が理解しやすいだろう。一人称で語られる『スケッチ』の場合、言表の主体は常に、この場面に内在する「私」に安定している。たとえば「胡麻塩頭の父と十四五ばかりに成る子とが互に長い槌を振上げて籾を打つた。その音がトントンと地に響いて、白い土埃《つちぼこり》が立ち上つた」という部分は、「私の眼前《めのまへ》」に展開されたできごとを「私」が知覚している、という解釈以外はありえない。それに対して『破戒』の傍線部はどうだろう。これは、先の『スケッチ』の部分に対応するくだりであるが、ここには『スケッチ』で見られたような一元化された言表主体は存在しない。国語の授業での取り決めにそって言えば、この知覚主体は、地の文の言表主体である語り手のことばということになるが、意味論上、このことばを作中人物のことばと読んでも決して誤りではないはずで、それは先の『スケッチ』の叙述が証明してくれてもいる。つまり、『スケッチ』の言表が一義的なのに対し、『破戒』のそれは両義的あるいは多義的という特質を持つのである。両テクストを比較・分析した藤森清が指摘するように、「ここで起こっている事態は、一つの同じ風景が一方では語り手の提示する現実であり、同時に登場人物によって見られた現実でもあるという事態」なのである（『語りの近代』有精堂、一九八六年四月）。

われわれの日常言語において、ある言表にはかならず一人の表出主体、つまり「一つの声」が分かちがたいものとして結びつけられ、われわれはそれを前提に生活をしている。われわれのいわゆる自我なるものもこの前提なしには成立しない。しかし、非日常的な言語としての小説《フィクション》言語は、一つの言表に二つの声を同時に響かせることができる、つまり、一つの言表に一つの声という約束事とは異なる位相の上に成り立っているのである。

ところで、書かれたものとしての小説言語のこのような多義性にポジティブな意味を付与した人物として思い起こされるのはミハイル・バフチンである。たとえば彼は、『小説の言葉』(伊東一郎訳、平凡社ライブラリー、一九九六年六月)の中で次のように述べている。

> 小説に導入された言語的多様性《ラズノレーチエ》(導入形式がどのようなものであろうと)は、作者の志向の屈折した表現のために機能する**他者の言語による他者の発話**である。そのような発話は、独特な二声的な言葉を生みだす。それは、同時に二人の話者に奉仕し、同時に二つの相異なる志向——話者である登場人物の直線的志向と屈折した作者の志向——を表現する。そのような言葉の中には、二つの声、二つの意味、そして二つの表現が存在する。のみならず、この二つの声は対話的に相関している。(中略)その中には、潜在的な対話が、二つの声、二つの世界観、二つの言語の、まだ展開されていない凝縮された対話が秘められている。(ゴチック原文のまま)

このように述べるバフチンは、一つの言表に宿っている二つの声が、さまざまな対話関係に置かれ得ることを指摘する。その一方の極は、語り手の声と登場人物の声が共感的な感情移入の関係、つまり渾然一体となって同一方向を向いている状態である。そして、いま一方は、語り手の声が登場人物の声に対してパロディ的な関与をするような関係性で、このような語り手の関与を、バフチンは作中人物のイデオロギーの脱中心化と呼ぶ。

さて、このような、小説における言語的多様性という見地に立ってみたとき、自然主義文学の次の世代の作家たち（木下杢太郎、吉井勇、谷崎潤一郎、武者小路実篤など）が、フィクションを描く方法として戯曲を多用したことはもっと注目されてよいのではないだろうか。というのも、戯曲とは一つの言表に一つの声が即応することを大原則にした作品形態にほかならないからである。三人称の小説文体の確立期に小説家としての地歩を固めた島崎藤村や田山花袋が、イプセンやハウプトマンなどの戯曲に大きな影響を受けながらも、彼ら自身、戯曲というスタイルを採用しなかったことと較べてみれば、このパラダイム転換の持つ意味は大きい。もちろん、この背景に一九〇九年一一月の自由劇場創立という大きな出来事があることは明白だが、それをふまえた上で、自然主義以降の文壇が、戯曲の時代を経て、私小説・心境小説の時代へと推移していったことについては、より注意が払われるべきであると思う。ともあれ、ここでは、三人称小説から戯曲へ、この移行には、響き合う複数の声の抑圧という事態が孕まれていた、ということだけ確認して次に進むことにしよう。

四、「走れメロス」の物語行為

ストーリーとプロットという観点から「走れメロス」を読み直してみよう。E・M・フォスターのよく知られた定義によれば、ストーリーは「時間的順序に配列された諸事件の叙述」であり、いっぽう、プロットもやはり「諸事件の叙述」ではあるが「重点は因果関係におかれ」るという相違がある。

〈王が亡くなられ、それから王妃が亡くなられた〉といえばストーリーです。〈王が亡くなられ、それから王妃が悲しみのあまり亡くなられた〉といえばプロットです。時間的順序は保持されていますが、因果の感じがそれに影を投げかけています。あるいはまた、〈王妃が亡くなり、誰もまだその理由がわからなかったが、王の崩御を悲しむあまりだということがわかった〉となれば、これは神秘をふくむプロットで、高度の発展を可能とする形式です。それは時間的順序を中断し、その諸制限の許しうるかぎり、ストーリーからはなれていきます。王妃の死を考えてください。ストーリーならば、〈それからどうした？〉といいます。プロットならば〈なぜか？〉とたずねます。これが小説のこの二つの様相の基本的な違いです。（中略）プロットは知性と記憶力をも要求します。

（米田一彦訳『小説とは何か』ダヴィッド社、一九六九年一月）

A、そしてB、そしてC……というように、出来事の展開そのものの面白さをクロノロジカルに辿っていく形式の物語であるストーリーに対し、プロット的な物語では、物語の進行がいったん停滞し、時間と空間を遡るかたちで、ある結果に至ることになった原因が探られる。したがって、プロット的な物語は、いわゆる〈錯時法〉と呼ばれる叙法と密接なつながりがあることになるだろう。だから「プロットは知性と記憶力をも要求」するのだ。「走れメロス」の語りの基調が、ストーリー的な語りにあることは明白である。読者の関心は、終始「メロスはこの先どうなるのだろう」という点にあるし、また、テクストも忠実にその期待に応えようとしているように見える。ただし、例外的にただ一ヶ所だけ、このテクストに原則を違犯しているところがあることに、読者は気付くべきだろう。そう、それは冒頭の「メロスは激怒した。必ず、かの邪知暴虐の王を除かねばならぬと決意した」というくだりである。言ってみれば、読者はこのテクストの中でただ一ヶ所だけ、最初に「どうして？」と尋ねられ、その理由を理解して、「記憶」しておくことを求められているのである。では、どうしてメロスは激怒したのか、鍵となる会話を中心に抽出し、その因果関係をたどってみよう。

「王様は、人を殺します」

「なぜ殺すのだ」

「悪心を抱いている、というのですが、誰もそんな、悪心を持っては居りませぬ」

「たくさんの人を殺したのか」

「はい」

「おどろいた。国王は乱心か」

「人を、信ずる事が出来ぬ、というのです。きょうは、六人殺されました」

聞いて、メロスは激怒した。「呆れた王だ。生かして置けぬ」

メロスは単純な男であった。


（傍線は引用者）

この一連のプロットをたどり直すことで明らかになること、それは、信用できない者は殺して解決するという信念が、正義の勇者を自任するメロスと邪悪なディオニス王との間で共有されているという重要な事実である。さらにそれを語り手が「単純な男」と述べていることも重要だ。メロスが声高に叫ぶ正義が、邪悪と反転可能であること。冒頭部分のプロットが示そうとしていたのはこのこと以外だったとは考えにくい（終始クロノロジカルに語られる叙事詩「人質」[4]との決定的な差異は、ここにこそ見出されるべきだろう）。ただし、このたった一度の〈錯時法〉以降、「走れメロス」はストーリー的に語られていき、それにしたがって、メロスの単純さは次第に後景に退いていくわけで、そこにこのテクストのなんともいえない巧妙さというか扱いにくさがある。

さてここで、このような語りの特徴を有する「走れメロス」が、教室でいかに読まれているのかを確認しておこう。須貝千里の整理するところによれば、教室での読みは、以下の三タイプに分類されるという。

ⓐ「走れメロス」を愛と信実の物語、自己変革の物語として読み、素直に感動を表明するタイプ
ⓑ メロスのような人物はこの世に存在しない、非現実でばかばかしい物語だと考えるタイプ
ⓒ メロスはすばらしい、しかしそんな人はこの世にいないとする、ⓐⓑの読み方の折衷タイプ
（『対話をひらく文学教育』有精堂、一九八九年一二月）

これは一五年以上も前になされた整理だが、おそらく、現在でも教室の読者の反応はこれらの型に収まるのではないだろうか。ただし、ここで須貝が、読者のメロス嫌いを、情緒的な好悪の感情レベルで捉えていることには留保が必要である。というのも、さきほど確認したように、主人公メロスへの批判的な視座は、このテクストの中に明確に構造化されていて、けっして感情的なレベルで片付けるべき問題ではないからである。重要なのは、感情的なメロス嫌いを、教室の中で、論理的なメロス批判にきちんと移行させる手続きなのではないか。

ここで私が提案したいのは、メロスが何度も用いている「勇者」や「信実」「友情」などの言葉に着目することである。というのも、本来これらは、あくまで他者との関係の中で成立するもので、特に「勇者」などという言葉は、外部からその当人に与えられる分節であって、「勇者」と名付けられた人物は、その受動的な「勇者」を身をもって体現しなくてはならない、そういう性格のものであろう。しかし、メロスは、その「勇者」なる分節を自分で自分に付与してしまっているから、「勇者」という概念が、実体を伴わない空虚なものになってしまっているのである。

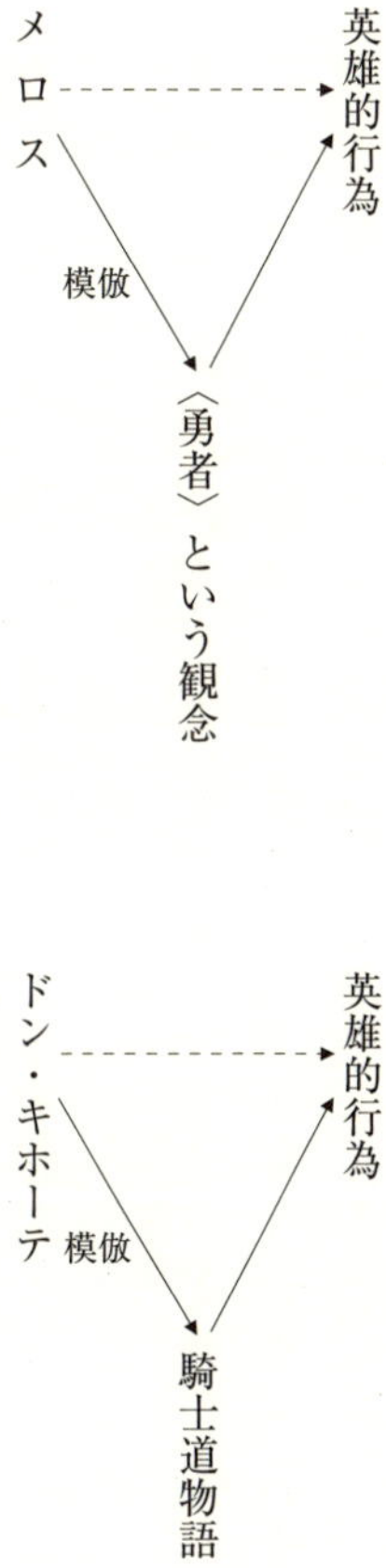

右の図は、ルネ・ジラール[5]の三角形的欲望の概念にならってメロスの欲望を示したものである。ジラールによれば、私たちが私たち自身の欲望だと思い込んでいるものは、実際のところ、他者の欲望の模倣に過ぎない。彼はその一典型としてドン・キホーテを挙げているが、ならば、メロスの「真の勇者」への執着も、まさに「勇者」という観念＝記号への欲望と読み替えられる性質のものであるといえよう。

ああ、あ、濁流を泳ぎ切り、山賊を三人も撃ち倒し韋駄天、ここまで突破して来たメロスよ。真の勇者、メロスよ。今、ここで、疲れ切って動けなくなるとは情無い。愛する友は、おまえを信じたばかりに、やがて殺されなければならぬ。おまえは、稀代の不信の人間、まさしく王の思う壺だぞ、と自分を叱ってみるのだが、全身萎えて、もはや芋虫ほどにも前進かなわぬ。路傍の草原にごろりと寝ころがった。身体疲労すれば、精神も共にやられる。もう、どうでもいいという、勇者に不似合いな不貞腐れた根性が、心の隅に巣喰った。

メロスは真に勇ましいから勇者なのではない。彼は「真の勇者」という物語に取りつかれているだけなのだ——語り手はそのように揶揄している。メロスはすぐれて能弁な主人公であるが、それは、本来他者から付与されるべき「真の勇者」という称賛をおのれに向かって言い、おのれをかさ上げし続けなくてはならないからである。(6) この主人公は、この意味できわめて喜劇的なのだ。

さて、この「私は勇者である」というメロスの自己劇化の物語行為はどのような末路を迎えるのだろうか。こんな観点から、次の引用を見てみよう。

「私を殴れ。(中略)私は、途中で一度、悪い夢を見た。君が若し私を殴ってくれなかったら、私は君と抱擁する資格さえないのだ。殴れ」

セリヌンティウスは、すべてを察した様子で首肯き、刑場一ぱいに鳴り響くほど音高くメロスの右頬を殴った。殴ってから優しく微笑み、

「メロス、私を殴れ。同じぐらい音高く私の頬を殴れ。私はこの三日間、たった一度だけ、ちらと君を疑った。生れて、はじめて君を疑った。君が私を殴ってくれなければ、私は君と抱擁できない」

メロスは腕に唸りをつけてセリヌンティウスの頬を殴った。

「ありがとう、友よ」二人同時に言い、ひしと抱き合い、それから嬉し泣きにおいおい声を放って泣いた。

群衆の中からも歔欷の声が聞えた。暴君ディオニスは、群衆の背後から二人の様子を、まじまじと見つめていたが、やがて静かに二人に近づき、顔をあからめて、こう言った。

メロスは「私は、途中で一度、悪い夢を見た」と白状しているが、これを彼の偽りなき誠実な告白として受け入れることができるだろうか。(7) いやこれは、勇者としての自己の一貫性を創出するための過去のできごとのあからさまな改変なのではないか。なぜなら、メロスがセリヌンティウスのことを忘れていたのは一度や二度のことではな

いからである。また、「悪い夢」という言い方は、勇者らしさを取り繕うためのレトリックにほかならないのではないか。

これに対し、セリヌンティウスは「すべてを察した様子で首肯き」音高くメロスの頬を殴る。ただし、ここでセリヌンティウスが何を察したのかはけっして定かではない。ただし結果として、メロスの欺瞞に充ちた自己肯定が糊塗されてしまったことだけは確かだろう。二人はいさぎよい殴り合いをし、結果、メロスが本当に勇者だったのかどうかは不問に付されたまま「友情」のドラマが完結する。ここでの問題は、周囲の群衆と国王ディオニスが感動したのが、あくまでこの両者のやりとりを見てのことだったということ、しかも、まず最初に感動したのが「群衆」だったことであろう。おそらく「群衆」たちは、「勇者」の内実の詮索よりも、通俗的で紋切り型ともいうべき「友情ごっこ」[8]の結構にこそ心を動かされてしまっている。彼らの感動が、私たち読者が語り手がもたらすメロスの内面までをも見据えた上で解釈しているのとは、決定的に異なったものであることは、教室できちんと確認しておく必要があるだろう。

感涙にむせぶ「群衆の背後から二人の様子を、まじまじと見つめていた」ディオニスはこう言っている。「お前らの望みは叶ったぞ。信実とは、決して空虚な妄想ではなかった」。しかし、国王は肝心なものを見落としてはいないだろうか。口先だけではどんな清らかなことでも言える、自分には人の腹綿の奥底が見え透いてならぬ、というのが彼の人間不信の根底にあったはずであるが、今回も彼は、メロスとセリヌンティウスの、口先と体を張った通俗的な「友情ごっこ」の芝居に騙されてしまっているのかもしれない。[9]だとしたら、ここで勝利を収めたのは「正義」ではなく「通俗さ」であり、論理ではなく情緒であった、ということになるだろう。

五、忘却を誘惑する文体

「走れメロス」の冒頭に設けられた一連のプロットが物語っていたのは、メロスの言うところの「正義」が、同じくメロスの言う「邪悪」と同じ構造の上に成り立っていて、「信じられない者は殺して解決する」という論理を共有する点において、英雄メロスと暴君ディオニスとの間に差異はないということであった。「メロスは単純な男であった」をはじめとして、語り手のことばの端々には、主人公に対し一定の距離をおこうとする姿勢が明らかに見受けられた。

「走れメロス」というテクストのいやらしさは、冒頭では、読者に対してこのような醒めた視座を用意しておきながら、それ以降のストーリーを推進させる語りにおいては、主人公に情緒的に同一化させるような語りが採用されているという点にあろう。これは明らかに、話法・語りという面での大きな転換あるいは分裂なのであるが、私には、これこそが、このテクストの戦略――理性的な判断の場面では正しくないことだと理解できていても、ムードに何となく流されて、全体が屈託なく別の一方向に傾いてしまうような私たちの情緒性といったようなものへの挑発――に思えてならない（ちなみに、「走れメロス」が発表された一九四〇年五月、文芸家協会主催の文芸銃後運動の第一回講演会が開かれ、同年一〇月には大政翼賛会が発会している）。「信頼できない者は殺して解決する」というメロスの論理はとうてい首肯できるものではない。しかし、にもかかわらず、テクストはこういった記憶を忘却させるように誘惑するのだ。

ふと耳に、潺々《せんせん》、水の流れる音が聞えた。そっと頭をもたげ、息を呑んで耳をすました。すぐ足もとで、水が流れているらしい。よろよろ起き上って、見ると、岩の裂目から滾々《こんこん》と、何か小さく囁きながら清水が湧き出ているのである。その泉に吸い込まれるようにメロスは身をかがめた。水を両手で掬って、一くち飲んだ。ほうと長い溜息が出て、夢から覚めたような気がした。歩ける。行こう。肉体の疲労恢復と共に、わずかながら希望が生れた。義務遂行の希望である。わが身を殺して、名誉を守る希望である。斜陽は赤い光を、樹々の葉に投じ、葉も枝も燃えるばかりに輝いている。日没までには、まだ間がある。私を、待っている人があるのだ。少しも疑わず、静かに期待してくれている人があるのだ。私は、信じられている。私の命なぞは、問題ではない。死んでお詫び、などと気のいい事は言って居られぬ。私は、信頼に報いなければならぬ。いまはただその一事だ。走れ！　メロス。

私は信頼されている。私は信頼されている。先刻の、あの悪魔の囁きは、あれは夢だ。悪い夢だ。忘れてしまえ。五臓が疲れているときは、ふいとあんな悪い夢を見るものだ。メロス、おまえの恥ではない。やはり、おまえは真の勇者だ。再び立って走れるようになったではないか。ありがたい！　私は、正義の士として死ぬ事が出来るぞ。ああ、陽が沈む。ずんずん沈む。待ってくれ、ゼウスよ。私は生れた時から正直な男であった。正直な男のままにして死なせて下さい。

この小説を五年ぶりくらいに読んだというある学生は、右の一節を読んで、いみじくも「ずるい」と私に訴え、さらに、この文章を「グラデーションのようだ」と指摘した。つまり、最初メロスを外側から描いていた語り手が、少しずつメロスの内面に入り込み、最後には完全に一体化し、メロスを対象化できなくなってしまっている、というわけである。このことは、人称表現が移り変わっていることからも確認できるし、また、すでに多くの先行研究(10)が指摘するところでもあるから詳説は不要だろう。ちなみに、この、語り手とメロスとが一体化しているかのように見える話法は、いわゆる自由間接話法と呼ばれるもので、その特徴をJ・プリンス『物語論辞典』（遠藤健一訳、松柏社、一九九一年五月）に倣ってまとめれば、次の(a)(b)のように定義づけることができる。

(a) 文法的には間接話法の特徴を示す（つまり、基調は地の文＝語り手の言葉である）が、再現される発話・思考を限定する付加節（メロスは……と言った・思った）を伴わない。

(b) 登場人物の言表行為の特性のいくばくか（この場合、正義・勇者・名誉といった語彙や、昂揚した口吻、イントネーションなど）を必ず明示する。

要するにこれは、直接話法とも間接話法とも区別され得ない話法であり（だから、学校文法の埒外にあるということだ）、語り手の発話と、語り手によって客体化される登場人物の発話とが、あたかも同一化しているかのように見えるところに特徴がある。ただし重要なのは、それが、あくまで「同一化しているかのように見える」のに過ぎないことだ。よって、さきほどの定義には、次の(c)を加えなくてはならない。

(c) その内部に、二つの言説行為（語り手と登場人物の行為）、二つの文体、二つの言語、二つの声、二つの意味論的・価値論的体系の標識を混淆的に持つ。

読者が主人公メロスに情緒的に一体化するような語りの仕組みとは、以上のようなものにほかならなかったわけだが、私はあくまで、これを読者に対する（メロスへの同一化の）誘惑と捉え、この誘惑に抵抗し、メロス的なイデオロギーを脱中心化するための授業を模索したいと思う。なぜなら、これこそが、たったひとつの〈錯時法〉に応えることのできる読みだと考えるからである。そして、その際に鍵となるのが、いま確認した、小説の言語的多様性、小説言語の二声性という捉え方であることは、すでにバフチンの二声仮説に触れてあるから理解しやすいだろう。次節では、私が有志の学生たちとの勉強会で試みた、「走れメロス」の朗読劇を取り入れた授業について述べることにしたい。

六、朗読劇を取り入れた授業の試み

「走れメロス」の朗読に関する実践報告の多くは、メロス役、セリヌンティウス役、ディオニス役、ナレーター役などの役割分担をした、朗読劇的な試みであるようだが、私もこれに倣い、学生にメロス役とナレーター役とを割り振り、物語世界を再現してもらうことにした。場面は、山賊たちがメロスを襲うところから、疲弊したメロスがまどろんでしまう場面を経て、「私は信頼されている」とメロスが立ち直るところまで（先に引用した「ずるい」部分を含む）。役割は「メロス」と「語り手」の二人だけで足りる場面である。

授業の要領はきわめて簡単で、次のようなものである。まず最初に、メロス役と語り手役とを決める（教室では四〜六人程度のグループを作り、そのなかで二役に分けるのがよいのではないだろうか）。次に、少し時間を与え、メロス役と語り手役とにそれぞれ、自分が読む文章をマーカーで着色させる作業をさせる。このとき、メロス役と語り手役との相談を一切禁止し、作業が済み次第、ぶっつけ本番で朗読をさせるわけであるが、その結果がどうなるかは、おおかた予想が付くだろう——ときに二つの声が重なり、ずれ、ときに誰も声を発さない空白が生じる——要するに、このテクストが読めないものであることを発見するのである。

いや、読めないという言い方は適切ではないかもしれない。より正確には、このテクストが安定した一つの声に還元できない、複数の声が響く、非日常的な言語によって編まれていることを見出すのである。しかも、このメロスと語り手のペアを複数作ると、一つとしてまったく同じ上演がないことにも気付くだろう。読書行為の数だけ、新たな対話＝意味が生産されるのである。

この試みの目的の一つは、書かれたものとしての小説言語、もうひとつ付け加えれば、三人称の小説言語が、音声中心主義的な日常言語とは異なり、より複層的なものであることを認識させることにある。この、小説言語が促す同一性のゆらぎのようなものが、まさにこのぶっつけ本番の朗読劇の渾沌に体現されているわけである。

つまずきや言いよどみ、交錯や突然の沈黙などからなる「朗読」とは、一般的な「朗読の理想像」からはほど遠いものだろう。しかし、このたどたどしい、ほころびだらけの、音声によるテクストの再現は、小説言語そのものへ意識を向けさせるための格好の端緒になるはずである。

なお、ここで思い起こしておきたいのが、自由間接話法は音読不可能であるというM・バフチンの指摘である。バフチンによれば、「擬似直接話法（注＝バフチンは自由間接話法をこう呼ぶ）の発達そのものが、散文ジャンルが黙読へ移行したこととむすびついていて、散文の黙読化があってはじめて、イントネーション構造が多面的であり声では伝えられないほどに複雑であるという、近代文学に特徴的な現象もありえた」という（桑野隆訳『マルクス主義と言語哲学［改訳版］』未來社、一九八九年四月）。この言葉に耳を傾けるのならば、私たち教壇に立つ者は、自由間接話法こそが語りの最大の特徴である「走れメロス」を音読すること・朗読すること自体の不条理を、まず心得ておかなくてはいけないだろう。そして、この、もともと口述《パロール》筆記によって生まれたテクストが、一度書かれたもの《エクリチュール》として固定されてしまうと、音声《パロール》で伝えるのが困難なテクストになる[11]という逆説をうまく教室で伝えることができたら、この授業はさらに高次のレベルへと発展可能だろう。

ところで、私がいくつか参照した朗読劇の実践報告では、この複層的なテクストを単一の声からなる戯曲的なテクストに書き換えるとき、そこに発生するであろう困難や葛藤に関する言及が見当たらないことがたいへん気になった。そこには、響き合う複数の声、複数のイントネーションの抑圧という問題が横たわっているはずなのだが、このことに関する報告は残念ながらどこにも見ることができなかった。

七、どのような劇化が可能か

さて、私の次の提言は、二声的なテクストは、いっそのこと、二つの声で読んだらよいのではないかということに尽きる。有志学生との勉強会でも、この二声性を、既成の「友情と真実の物語」という支配的な物語にとらわれない多彩な読み・解釈のために活用したらどうかと促した。

(a) 二声的な部分は、語り手が読んでも、メロスが読んでも、二人が同時に読んでも構わない。
(b) 語り手は、王城への帰路を急ぐ渦中にいて大まじめなメロスに同調してもよいし、逆に、メロスを突き放すような立場をとってもよい。

本来ならば、ここで次の指示、すなわち「(c) テキストを脚本風に書き直すこと。なお、どうしてそのような脚本になったのか、コンセプトを説明できるようにすること」も伝え、オリジナルの脚本を作らせ、上演させたかったのだが、学生との勉強会では時間不足でそこまではできなかった。そのかわりに、どのような「朗読劇」のバリエーションが創造可能か、学生たちとともに考え、次の①から⑦のアイデアのようにまとめてみた（括弧内は、話し合いの場で浮かんできたキー・ワードである）。

①二声的な文をメロスがひとりで熱演
②二声的な文を語り手がひとりで熱演
③メロスと語り手とが同音《ユニゾン》で熱演（シンクロナイズ、ハーモニー）
④熱したメロスと醒めた語り手とが同時に読む（和音あるいは不協和音、ノイズ）
⑤語り手による独演。ただし、メロスの発話や身振りのパロディ化（過剰な劇化）
⑥熱したメロスよりも更に熱した語り手（メロスの言葉の誇張）とが同時に読む
⑦メロスの熱演、それに引き続いて、語り手による「もどき」(12)

念のために補足しておくと、この①～⑦は、メロスに対する語り手のパロディ的なアプローチを「優れた読み」として上位に階層化しようとするものではない。あくまで、文学テクストに潜在化したままで表面化しにくい対話性を引きだすための方法として、あるいは、小説言語の持つ言語的多様性を実感させるための方法として理解していただきたい。

これらはあくまで、想定される上演コンセプトのバリエーションだが、じっさいの授業では、これにこだわることなくグループごとに方針を決め、その方針にしたがって編集・加工された脚本をもとに上演するのがよいだろう。メロスに情緒的に一体化することを望む読者は③のハーモニーを追求すればよいし、メロスを脱中心化しようとする読者は自分たちの批評精神にもっともふさわしい方法を模索すればよい。いずれにしても大事なのは、上手に演じることではなく、「どうしてこのような脚本・上演になったのか」を言語化できることの方であり、そこから、異なる上演＝解釈の持ち主相互の間に対話が生起することを期待したい。

「走れメロス」の授業への導入は、他のアプローチも可能だ。たとえば、太宰の『駈込み訴へ』をヒントに、メロス以外の登場人物（セリヌンティウスか妹婿がよい）にメロス批判をさせる物語を書かせてみたらどうだろう。また、志賀直哉「クローディアスの日記」をまねて、メロスの妹やディオニスに日記を綴らせてみても面白い。これらの物語を創作することによって、テクストが抑圧し潜在させている対話を活性化することが可能になるのではないだろうか。

八、おわりに

新学習指導要領の告示・施行とほぼ同時期に注目され、「国語」を音声中心主義的な方向に進ませる時代の趨勢を牽引してきた齋藤孝の最近の仕事に『齋藤孝の音読破2　走れメロス』（小学館、二〇〇四年一一月）がある。この中で齋藤は、太宰作品について、次のように述べている。


文学というのは、人間のふとした感情を拡大して見せてくれます。

特に太宰の作品は、強く立派な人間というよりも、むしろ弱いタイプの人間とか、あるいはちょっと癖のある人間とか、いろいろなタイプの人間を愛情と持ってリアルに描いています。

それを私たちは、音読して体験することによって、人間として一つの類型を学び取ることができるわけです。そうした人間の典型的なタイプをいくつか学んでおくことによって、そこから現実の人間を見ると、人間理解力が増すのです。

ああこの人はユダが三〇パーセント入ってるなとか、この人はメロスが入ってるとか、セリヌンティウスみたいでいいやつだとか。

特に、声に出して主人公になりきって読むと感情がどんどん入ってきて、心の動きを追体験でき、深い人間理解に至ることができるようになります。声に出して読むことによって、読書を体験にまで高めることができるのです。これは頭の中だけで黙読するのでは得られないものです。

要するに齋藤の主張は、主人公になり切って作品を読むことで「人間として一つの類型」を学ぶことができ、その結果「人物理解力」がつくということである。しかし、前に扱ったような「走れメロス」の話法に接したとき、読者は、いったいどこからどこまでがメロス自身の言葉と判断すればよいのだろうか。「声に出して主人公になりきって読む」ことは、そんなに簡単なことなのだろうか。齋藤の提案は、文学作品の読解を作者の意図や人生訓的な主題に安易に回収しないための一つの有効な手段だとは思うが、その一方で、複層的な語りの構造体としてのテクストをあまりに単純化している。これまで考察してきたように、「走れメロス」は安易な同一化を拒むテクストであり、そのこと自体に文学テクストとしての強度と教室空間で読むことの意味を見てとるべきである。そもそも、「黙読から音読へ」に身体性の回復を読み込もうとする論者たちが想定するような、錯綜性を軽視した〈身体〉など存在しないのである。

（愛知淑徳大学・日本近代文学）

【注】

（1）『中学校高等学校学習指導要領』「国語科編（試案）」（文部省、一九五一年）には、中学一年次の指導上の注意として「まだ昏読をしている生徒を急速に黙読に移らせる」という方針を見ることができる。また、全学年を通しての注意にも「中学校ではいろいろな読み方を学ぶのであるが、実生活で必要なのは黙読であるから、音読よりも黙読に力を入れなければならない」とある。

（2）たとえば、広瀬長美「『走れメロス』の劇化を試みて」（内田道雄・大井田義彰編『文学のこゝろとことば第二集』

二〇〇〇年八月)、中村英治「放送劇の指導例(一年〜三年)—新しい音声表現活動の試み—」(宮地裕・中西一弘編『音読・朗読指導の実践』一九九〇年三月)など。

(3) 山本正秀『近代文体発生の史的研究』(岩波書店、一九六五年七月)によれば、「小説の言文一致体採用パーセンテージ」は、一九〇七(明治四〇)年に九八%、一九〇八(明治四一)年に一〇〇%となる。

(4) プレテクストとされるシラー・小栗孝則訳「人質」『新編シラー詩抄』改造文庫、一九三七年については、角田旅人「『走れメロス』材源考」(『香川大学一般教育研究』一九八三年一〇月)、および、山内祥史「改題」『太宰治全集3』筑摩書房、一九八九年一〇月を参照。

(5) 古田幸男訳『欲望の現象学』(法政大学出版局、一九七一年一〇月)は、ドン・キホーテの「騎士道的情熱」について次のように述べている。「ドン・キホーテもサンチョも、自分たちの欲望を他者から借用しているのだ。それも、自分自身であろうとする意志と完全に混同してしまうほど根元的で自発的な心理運動によっているのだ」。

(6) 戸松泉「〈走る〉ことの意味—太宰治「走れメロス」を読む—」(『相模女子大学紀要』一九九六年三月)は、「好くも悪くも、メロスは常に他者の目に映る自己像によって自分の行動を決定してしまう『単純な』人間であった」と述べ、物語の展開に伴って、メロスの〈走る〉ことの目的が大仰なものへとすり替えられていくことを指摘している。

(7) 田中実『小説の力—新しい作品論のために』(大修館書店、一九九六年六月)は、このメロスの述懐について、「メロスが詫びているのは山賊を倒し、峠を下りた後の迷いのことだけ、もし、メロスがセリヌンティウスに真実、心の底から詫びるとすれば、疲労の極限で見た『悪い夢』よりも、まず健康で丈夫なときのこの人並みの人情を発揮したことこそ詫びるべきだったのではないか」と指摘している。

(8) よく知られているように、太宰は「みみづく通信」(『知性』一九四一年一月)の中で「友情」について次のように述べている。「青春は、友情の葛藤であります。純粋性を友情に於いて立証しようと努め、互いに痛み、つひには半狂乱の純粋ごつこに落ちいる事もあります」。

(9) 石田慶幸「『走れメロス』—信実とナルシシズムの機構—」(『国文学研究』二〇〇五年六月)は、この場面に、メロス、セリヌンティウス、ディオニスの相互的な「誤読」の可能性を読み取っている。

(10) たとえば、東郷克美「『走れメロス』の文体」(『月刊国語教育』一九八一年一一月)は、「この主客の混交した主情的な文体は、意図されたものであって、読者に感動を与えるのはこのような文体の力にほかならない」と指摘している。

(11) どうしてこのようなことになるのか。そもそも「書かれたもの」は、主体の現前性を前提とする「音声」とは相違し、「郵便＝誤配システム」に統御されるからである（東浩紀『存在論的、郵便的　ジャック・デリダについて』新潮社、一九九八年一〇月）。複数の声が響く自由間接話法は、このような「書かれたもの」の特性をもっとも凝縮した形で示したものであるといえよう（東浩紀「写生文的認識と恋愛」『郵便的不安たち＃』朝日文庫、二〇〇二年六月も参照）。

(12) 芸能の上での「もどく」行為は、神の行動をからかい誇張する滑稽化であるとともに、神のする通りをまねることでもある。「もどくと言ふ動詞は、反対する、逆に出る、批難するなど言ふ用語例ばかりを持つもの、様に考へられます。併し古くは、もつと広いもの、様です。尠くとも、演藝史の上では、物まねする・説明する・代つて再説する・説き和げるなど言ふ義が、加はつて居る事が明らかです」（折口信夫『古代研究（民俗学篇1）』大岡山書店、一九二九年四月）。

［付記］　本稿は、早稲田大学国語教育学会「朗読の理論と実践の会」（二〇〇六年七月八日、於早稲田大学）での口頭発表に修正を施したものである。席上ならびに発表後に貴重な教示を賜った方々に感謝申し上げたい。

第十章

学校の外にある「声」で楽しむ読書の現在
――「声」で本を届けるということ――

小塚　聡子

一、はじめに

「声」で読書を楽しむ手段はいろいろあるが、公共図書館において代表的なものは、絵本の読み聞かせやストーリーテリングなどを行うおはなし会であろう。私は現在の勤務先である公共図書館でたまたま児童担当となり、最低でも週一回、多いときには三回も四回も、おはなし会を担当する日々が約二年間続いた。現在は担当を外れたために仕事の上で子どもに対して語ることはほとんどなくなってしまったが、その経験を踏まえて、おはなし会のことを中心に、学校外における「声」を通じた読書について私なりに考察してみたい。

二、近年特有の子どもの本や読書の現状

公共図書館で子どもたちと接していると、「変わったな」と感じることがある。まず、おはなし会を含め、図書館に来館する子どもが低年齢化しているということ。小学校中学年以上は習い事に忙しくて、水曜日の午後三時や土曜日の午後三時半といった時間におはなし会を行っても来館できないし、逆に早期教育奨励の傾向からか、「わが子を賢くする」ために明らかに対象年齢から外れた子どもをおはなし室に送り込む親が増えている。

また、マンガ的・アニメ的・ゲーム的な本の出版が増加し、年齢が上がるほどそれらに流れる子どもが多いように思う。生活の中にゲームやパソコンが浸透して、本以上に馴染み深くなったためだろうか。

しかし全体的な読書傾向でいえば、少なくとも私の勤務する図書館では、多く借りられる絵本のほとんどは古くから読み継がれている、いわゆる「良書」が多い。びっくりするような長編小説を借りていく子どももいて、巷でいわれるような読書力の欠如は感じられない。

三、おはなし会における子どもたちの反応

おはなし会という場で子どもと接していると、よく言われるような「読書嫌いになっている」「理解力が欠如している」などという印象は全く受けない。むしろ、子どもたちの感受性の豊かさに驚かされることが多い。おはなし会での事例をいくつか具体的に紹介してみよう。

(一) 子どもたちの参加で一体感が生まれる――『おおきなかぶ』(福音館書店、一九六二年)

語り手だけでなく聞き手の子どもたちが自ら声を出すと、急におはなし会に一体感が生まれる。ひとつの物語の中にその場にいる全員が入り込み、楽しさを共有しているという一体感である。一緒に歌いながら手遊びをやったりすると、よくわかる。絵本の読み聞かせでは、たとえば『おおきなかぶ』で「うんとこしょ どっこいしょ」の掛け声を声を合わせていってみたりするときに、この一体感は強く感じられる。ちなみに、この『おおきなかぶ』は絵本を見せると大概「もう知ってるー！」と叫ばれるが、知っているからつまらないということには決してならない。長年愛され続けてきたこのような力のある絵本は、子どもたちを取り込んで必ずおはなし会を盛り上げる。かぶが抜ける直前の掛け声で、「まだまだそんな小さな声じゃ抜けないよ！」などと煽ってみると、子どもたちは張り切って、いよいよ盛り上がる。

(二) 子どもたちのイメージ力――「ひなどりとネコ」(『子どもに聞かせる世界の民話』実業之日本社、一九六四年)

ストーリーテリングは、語り手の声ひとつで物語を紡ぐわけだが、子どもたちの頭の中ではきちんと絵が描かれている。このおはなしを保育園児に語ったとき、隠れているひなどりが大きなくしゃみをしてしまうシーンで、自分の耳をふさいでぎゅっと体を縮こませた子がいた。挿絵も「ハックション」という擬音語もないが、その子にはさぞかし大きなくしゃみがイメージの中から聞こえたのだろう。

(三) レベルに応じた楽しみ方――「ねずみ経」(『子どもに語る日本の昔話2』こぐま社、一九九五年)

ストーリーを理解できなくても、自分たちの理解力に合わせた形で子どもたちは十分におはなしを楽しむことができる。たとえば、このおはなしを語ったときには、ストーリーには全く興味を示さないものの、「おんちょろ

ちょろ　一ぴき出てこられそろう」というお経の言い回しや、おばあさんのことを「ばばさま」というのが面白いといって大笑いする四歳くらいの子どもがいた。おはなしを楽しむきっかけとしては十分なものであると思う。そして、一歳二歳上の年齢の子どもになると、同じおはなしでもストーリーの面白さにきちんと目が行くようになる。子どもたちの成長の早さに驚かされる瞬間である。

例を挙げればきりがないが、このように、おはなし会は「声の力」によって子どもたちが鮮やかな反応を見せる瞬間に満ちている。

四、提供者に必要なもの

子どもたちの反応についていくつかの具体例を挙げてきたが、おはなし会を充実したものにするためには、「聞き手の力」と「資料の力」だけではなく、「語り手の力」も重要である。幼いというひとつのハンディキャップを持っている子どもたちがおはなしを十分に楽しむためには、おはなしをいかに提供するかが重要であると思う。提供者として語り手に欠かせないもの、それは別に難しいものではなく、「好きだという気持ち」と「謙虚さ」、そして「経験」であり、それが語り手によって生み出される「声の力」であると私は考えている。この「声の力」の要素について考えてみたい。

まず、「好きだという気持ち」について。「おはなしが好き」「おはなしを語ることが好き」という気持ちがなければ、楽しいおはなし会は成り立たない。一般的なコミュニケーションと同じで、語り手の気持ちは、たとえ相手が幼い子どもであったとしても必ず伝わり、子どもたちの反応にも影響する。

次に、「謙虚さ」について。おはなし会において語り手の存在は欠かせないが、あくまでメインとなるのはおはなしそのものであり、語り手は黒子に徹しなければならない。また、「おはなしを聞かせてあげる」のではなく、「聞いてもらうことで自分が語り手として育てられている」という意識を、忘れてはならない。それらをひっくるめて、常に謙虚な気持ちで語ることが大切であると思う。

そして、「経験」について。私たち語り手は物語の字面を追っているようでいて、頭の中では実にいろいろなことを考えており、それによっておはなし会が作り上げられる。今聞き手はおはなしを楽しんでいるか。語るペースが速すぎないか。このおはなしをこんなに喜ぶなら、次のおはなしはこっちにしてみようか。―そういった考えにあわせて、「うんとこしょ　どっこいしょ」を三回も四回も子どもと一緒に繰り返してみたり、語るペースを落としてみたり、プログラムを変更してみたりする。これは、失敗も含めて実際に子どもたちを前にして経験を積み重ねることでできるものである。

五、子どもたちに「声の力」が必要なのはなぜか

ところで、今この時代に子どもたちに対して「声」で読書を提供することにどのような意義があるのだろうか。まず、子どもたちを本の世界へ導く第一歩となる、という役割があると思う。文字というのは記号である。本を買う人は、紙につけられたインクの跡ではなく、その記号から浮かび上がるイメージを買っているわけだ。しかし、この記号をイメージに変換して内容を理解するというのは、存外難しいテクニックを要する。大人になっても、辞書を片手に読まなければならない外国語の文献や自分の理解レベルを超える難解な学術書に接すると、イメージへの変換ができずに資料の内容が頭の中で上滑りしてしまうことがある。大人だってこの有様なのだから、子どもたちにとってこの変換作業はなおのこと難しい。「その文字を読み書きできること」と、「その文字の意味を知ってい

ること」、そして「たくさんの文字の羅列である文章からイメージを汲み取ること」は、それぞれの間に大きな段差ができているのだ。その段差を緩やかにし、子ども単独で文字だらけの本を理解し楽しめるようになる架け橋となるのが、読み聞かせやストーリーテリングの役割のひとつではないかと思っている。音に変換する作業を他者に任せることによって、ストーリーを追う事だけに集中でき、物語の楽しさを知ることができるようになるのである。

また、様々な娯楽が競合する現代において読書の楽しさに気づいてもらうためには、これまで以上に積極的なアプローチが必要である。「楽しさ」を強調できる読み聞かせやストーリーテリングは、読書への興味を高めるための有効な手段であり、同時に豊かな言語感覚を培うことにも一役買うのではないかと思う。そして、テレビやパソコン、ゲームといった生身の人間を介することのない娯楽が増加する中、本の楽しさに加えて「生の声」そのものの魅力を提供することも、今この時代に子どもたちに対して「声」で読書を提供する意義のひとつであると思う。

六、「声の力」で学校と連携すること

本書は中等・高等教育の学校現場での、音声言語教育の可能性を探るものである。とすれば、その前段階の、加えて学校外の立場にいる私たちはどう関わっていったらよいか。

いかんせん今の学校教育現場にいないので偉そうなことを言える立場ではないのだが、私は、学校との最良の連携プレーは「学校と連携しないこと」だと思っている。

ゆとりを持って皆平等に、などと言ってみても、テストだ入試だとなれば子どもたちはたちまち順位付けされ、それは常に子どもたちにつきまとう。だから、そういう場と図書館が同じ立ち位置になってしまったら、およそ文学的でないランキングがおはなし会にも持ち込まれてしまうと思うのだ。たまに、せっかく楽しいおはなし会だっ

たのに、子どもを連れてきた先生が「どこがおもしろかったですか？　発表してみましょう」などと子どもたちに聞いて台無しにした、という話を聞く。「正解」を求めるランキングが持ち込まれたら、純粋な楽しさが消し飛んでしまう。おはなしが楽しいことに理由などいらないのだ。

おはなしの世界は誰にも平等だ。「あるところにおじいさんがおりました」と聞いて、頭の中にもんぺ姿を思い浮かべても暖炉の前で安楽椅子に腰掛けている姿を想像しても、どちらも正解。「このおはなしはどうも好きになれない」と思えば、無理に理解しようとする必要もない（食べ物と同じで好みの問題だ）。そのような世界で、前述のような聞き手の反応・語り手の努力が絡まりあい、美しい空間ができる。

こういう場は、一見学校とは何のつながりもないように見える。しかし、おはなしの世界にダイブした心地よさや育った感受性は、成績には表れないかもしれないが、ひとりの人間の中で確実に場所を作り、（あまり好きな言葉ではないが）国語力につながると思う。見えないけれども、実はつながっている。何かのＣＭのキャッチコピーみたいだが、それが私たち外野と学校との最良の連携なのではないかと考えている。

七、おわりに

ここまで述べてきたことは、あくまで少ない経験に基づいた私見である。「声」を通じた読書には、さらなる効用や可能性を秘められていると思う。同時に、「声」を通じた読書は、聞き手が教育的に成長するための万能な方法ではなく、様々な手段の中のひとつに過ぎないということも、忘れてはならないことだと思う。あまり肩肘張らずに、語り手も聞き手もゆとりを持っておはなしを楽しむ気持ちを忘れないこと、それが大切なスタンスなのではないかと考えている。

（調布市立調布図書館司書）

第十一章

朗読しようよ！
――横浜市立南高等学校・朗読講座記録――

内木　明子

一、はじめに

朗読をしてみたい、聴いてみたい、と思う高校生はどれくらいいるものなのだろうか。母校での在校生向け朗読講座を担当する際に、漠然とこう考えた。さて実際に講座を開いてみてその答えはというと、「ごく少数。しかし持ちかけ方次第では希望者が増える可能性はおおいにあり」。以下は私の講座についての記録である。

二、発　足

二〇〇三年度と二〇〇四年度に、私は母校の横浜市立南高等学校（横浜市港南区）、通称「南高《なんこう》」で、在校生対象の朗読講座を担当した。この講座は、二〇〇三年一月に、図書館司書の先生から「四月から朗読講座をやってもらえないか」というお話をいただいてスタートした。私は高校で放送部に所属して朗読を始めた。朗読活動の原点である母校や後輩達のお役に立てればと、喜んでお受けした。

三〇年以上にわたって南高の司書を勤めていらした先生のお話によると、本が好きな生徒は今も昔も変わることなく一定数いるけれど、朗読をしたりあるいはそれをじっくり聴いたりする機会はほとんどない。そこで、朗読を楽しむことと、生徒の知的好奇心を充足させると同時に感性を磨くことを目的に、朗読講座を開催したい。月に一回程度、放課後の時間を使っての自由参加、そして秋の南高祭（文化祭）では発表会を開く――という計画であった。まずは放送部、演劇部、図書委員会等に各顧問の先生方から朗読講座参加者募集のお知らせをしていただいた。また、放送部の生徒に講座開催のポスターを作成してもらい、校内数ヶ所に掲示した。

ここで、南高校と同校の図書館について簡単に記しておく。南高校は昭和二九年創立の普通科高校で、平成一五年には創立五〇周年を迎えた。現在は二学期制の単位制高校となっている。南高図書館は蔵書数約三万冊、人文系理数系ともに資料が充実しており、参考図書、雑誌、文庫、さらにビデオやＤＶＤなどの映像資料も大変豊富に所蔵されている。「図書室」ではなく「南高図書館」という名称であるのもうなずける。専任の司書が常駐し、行事も毎年数多く開催されている。全校生徒参加の読書感想文コンクール、読書後援会、親と子と教師の読書会、映画教室、図書館館報の発行、古本市開催など、これらは図書委員会と図書館情報部の先生方を中心に運営されている。教室棟とは別の棟にあるため大変静かで、読書や資料調査、勉強をするには最適な環境である。朗読講座はその図書館の一角にあるグループ閲覧室を使って開かれた。

三、練習

第一回の朗読講座は、二〇〇三年の五月であった。放送部・演劇部・図書委員会の生徒達、それに各部の顧問と司書の教職員、全部で一五名の参加者だった。学年に偏りはなく、男女比は女子生徒が三分の二ほどだった。講座の参加生徒数は、初年度には毎回ほぼ十数名。次年度は毎回ほぼ一〇名だった。

皆で自己紹介、そしてまずはお互いの声を聴こうということで、私の朗読、そして生徒各自が好きな作品を読んだ。私は司書の先生のリクエストにより「星の王子様」の一部を読んだ。始めに私が十分ほど一・二作品を朗読する形はこの後もずっと続き、その時々の季節に合わせた作品、かつ適度な長さとまとまりを持った作品を毎回探しては朗読した。

以下、両年度に共通の講座内容を記していく。

私はこの講座で、朗読をする際に次の三点を意識するよう提案した。一つは聴き手への意識を持つこと、もう一つは良い耳を持つこと、そして朗読を楽しむこと、である。朗読は聴き手がいなければ成立しない。どんなに上手に読んでも聴く人がいなければ、それは朗読ではなく音読のままなのである。どう読めば聴き手に作品の内容を豊かに伝えられるか。そのためには当然、発音・発声の技術を学ぶのはもちろん、作品の解釈が重要になる。「上手く読もう」と考えるのではなく、「聴き手に届けるように読もう」と考えてほしいと述べた。また、良い耳を持つと言ってもなかなか難しい。言い換えればこれは、どれだけ自分の声を客観的に聴けるかということでもある。自分の朗読も他人の朗読も、できるだけ注意深く聴くように促した。参加者の中には、自分では朗読はしないが聴くだけなら参加したいという生徒もいたので、「聴き役」として、良い朗読のためにどうすればよいか、率直に意見を言ってもらうよう頼んだ。三点目の朗読を楽しむというのは、生徒には始めは実感しにくかったようである。しかし後述するように発表会に向けての練習を重ねていくと、次第に生徒から「こう解釈するから、こういうふうに読みたい」と意欲的な要望が出たり、参加者同士が打ち解けてきてこちらが指示をしなくてもお互いに進んで意見交換が出来たりした。ひとまずは、朗読を作っていく過程は楽しんでもらえたように思う。

朗読の練習の進め方は、一・生徒が読む、二・私または生徒達が気付いた点をコメント、三・再度生徒が読む、四・再度意見交換、という四段階を基本にしていた。一と三の朗読を比較して生徒の朗読がどのように変化しているかが、ポイントであった。朗読した生徒は自分ではどう感じたか、工夫して読んでみた点なども述べてもらうようにした。できるだけ短く的確なコメントを心がけた。

この五月の第一回目から早速、秋の南高祭での発表会に向けた具体的な話に入っていく。次回までに発表会で読みたい作品を決めて、練習にとりかかる。生徒が好きな作品を読んでよい。ただし、時間の関係により、一つの作品を全編読むのではなく抜粋になるかもしれない。出来るだけ多くの人に舞台に上がってもらいたい、等々である。南高祭は九月末なので、遅くとも夏休みの前までに作品を決めておく必要があった。

四、発表会

六月・七月の間に、発表会の出演者と朗読作品が決まった。生徒だけで発表する予定であったが、先生方から私も何か短い作品を朗読するよう要請される。同じ時期に、南高祭への参加申請。会場となる南高ホール（約四〇〇名収容）を複数の団体で使用するため、練習時間申請も当日のタイムスケジュール決定も、南高祭実行委員への書類申請が必要であった。これらの事務手続きは放送部と演劇部顧問の先生方が主にしてくださった。南高祭での朗読発表会に割り当てられた時間は、入退場も含めて三〇分間だった。

朗読の練習は、出演者・朗読作品が決まると、個別の練習が中心になった。これは、それぞれの部活やクラス展示の準備、習い事などで出演者全員の練習時間がなかなかそろわなかったからである。演劇部の生徒は、部の公演にも出演しなければならない。放送部の生徒は、南高祭の運営全般に関わらなければならない。毎年恒例の二年生が学年全員で作る劇の上演を始め、体育館やホール使用の場合には機材設置や音響・照明の操作などの仕事が必ずある。部員数減少もあって、後輩達は大変忙しそうに見えた。

当然、朗読の練習時間が少なくなってくる。月に一度の予定ではあったが、夏休み中には数回練習の日を設けた。「聴き役」の生徒も毎回何人か来て意見交換をしてくれた。また、これも当初は気付かなかった点だが、現在は二学期制となっているために、夏休み明けの九月一週目から二週目にかけて前期の期末試験があったのだった。当然、試験前に練習はできない。試験が終われば、南高祭に向けて全校で動き出す。準備期間は約二週間。朗読の練習も一応はタイムスケジュールを組んだが、これはあくまでも一応で、さきに述べたように部活動やクラス展示の準備などのために、生徒が練習に遅れてしまうことが増えた。

発表会が迫ってくると、ますます出演者の都合が合わず、時間内に助言し練習することが難しくなった。そこで彼らに助言の内容を記した「手紙」を書き、放送部顧問にメールで送り、出力して配布していただいた。練習時間不足を少しでも補い、家での練習で役立ててもらえればと思って書いたのだが、生徒からはあとで復習しやすいらしく意外に好評だった。一人につきA四版約一枚分。発音・アクセント、読む早さや音の高低、読む姿勢や入退場の仕方、作品の解釈、等々を指摘した。私の通りに読む必要はないのであくまで参考として、と断った上で私の朗読をカセットテープやMDに録音して渡したりもした。

朗読以外の準備も進める必要があった。例えば、宣伝用のポスターや当日配布の簡単なパンフレット作成。これは出演者に文章を書いてもらい、私が作成した。また、ホール練習の時に衣裳・照明などを決めた。衣裳に関してはこちらが何も言わなくても、皆進んで制服に何かをプラスしたり私服を持参したり、いろいろ考えて工夫していた。例えば「走れメロス」を読んだ生徒は「メロスの情熱を表したいから、赤を着たい」と言って、赤いTシャツを着て朗読した。当日の照明操作と記録のためのビデオ撮影は放送部員に、会場受付およびパンフレット・アンケート用紙配布は南高祭実行委員に頼む。朗読者ごとに照明を変えることにし、朗読者によっては「この場面からこの色に変えてほしい」という要望を出すこともあり、「色」や「見た目」を決定させるのにも時間を要した。そして、発表の前後、オープニングとエンディングに短いピアノ演奏を付けることにした。先生方がピアノを演奏できる生徒を探してきて、協力してもらった。緞帳を使用できなかったため、開幕・閉幕のつもりでそれぞれ二分前後の演奏をお願いした。多くの人々の支援によって開催できる有難さを改めて感じた。

発表会当日、始まってからの三〇分間はあっという間だった。そして、ひいき目ではなく、彼らは皆練習の時よりも良い朗読が出来たと思う。自宅でも練習したとはいえやはり若さのなせる技なのか、思い切りのよさなのか、ともかく、声の出し方からして違った。緊張ももちろんあっただろうがそんな様子は見えず、個々が持つ良い声が出ていた。照明やピアノ演奏のタイミングも申し分なかった。観客の人々にも助けられた。開演中も静かであり、最後には大きな拍手を送っていただいた。気になる観客の入りは五〇人ほどだった。ほとんどが学外の来場者で、本校の生徒は少ないように見えた。しかも年齢層は高く、主に高校生の保護者にあたる年代の方々が多かったように思う。学校見学を兼ねて来た中学生もいた。出演した生徒に、友達は聴きに来てくれた？ と聞くと、「みんなクラスや部活で忙しくて。宣伝はしたんだけど……」、という言葉が返ってきた。

発表会では来場者にアンケートをお願いした。おおむね好評で生徒達にはうれしい感想ばかりだった。反省会は発表会から約一ヶ月後の十一月に、この講座に関わったほとんどの人達の参加があり、会のビデオを見て、各自感想を述べた。朗読した生徒たち全員から、朗読をして楽しかった、との声が聞かれ、大変ほっとしたのを覚えている。また、この後の十二月から翌年三月にかけては学校行事が多く、講座開催が出来なかった。結局、春から秋の間に集中して開かれたことになる。

五、課　題

以上、大まかに朗読発表会を中心にした講座のあらましを書いた。ここでは講座を担当して感じた、いくつかの課題について述べる。

課題は大きく分けて三点挙げたい。朗読練習時間の確保、国語科との連携、生徒のモチベーションである。

まず一点目は、練習時間の確保である。朗読の練習、と一言で言っても、ただ声を出して読むだけではない。人の意見や感想を聞き、自分の声で何をどのように表現するかを考えるのも練習である。会のためのさまざまな打合せも必要だった。このためには、月に一回ではなく、年間を通じて月に二回くらいのペースで開催できるのが望ましいのではないだろうか。しかし、学校行事の関連や、先生方が立ち合ってくださることを考えると、月に一回というのは少ないようでいて、あの時はぎりぎり確保できた時間だったとも思う。自由参加であり、強制的に開催する講座ではないので難しいところではある。

時間に関して一点、大変幸運だと思ったことがある。今回発表会に参加した生徒は放送部か演劇部所属であり、さらには弓道部との掛け持ちをしていたりダンス教室に通っていたり市民劇団での舞台経験があったりといった生徒達で、基本的な発声・発音練習や舞台での姿勢および歩き方などが最初からおおむねできていた。そのため、これらの指導に時間をかけることは少なかった。つまり、人前で何かを表現したり集中力を発揮したりする経験のある生徒が集まってくれたことは、大きなポイントであった。

二点目の国語科との連携について。約二年間担当した講座だが、国語科の先生が発表会にいらしたことも講座にいらしたこともなかった。放送部と演劇部の顧問はそれぞれ数学と英語の先生で、家庭科・英語科の先生、保護者が参加したことはあったのだが。これは講座の宣伝不足だったからであろうか。私は卒業してすでに一五年以上が経っているため、存じ上げている先生は国語科には一人もいらっしゃらないこともあって、「こういう講座をやっています。ぜひ聴きにいらしてください」と国語科に足を踏み入れるのを遠慮してしまっていた。これは反省している。

ところで、現在国語の授業で朗読はどのように取り入れられているのか、講座に参加した生徒に聞いたところ、皆一様に、朗読を特別に指導されてやったことはない、とのことだった。国語の授業で朗読について何らかのレクチャーがあれば、それをふまえて講座を展開したり、生徒に助言したりできたかもしれない。しかし、国語の授業でふれられないからこそこの講座に興味を持ち、朗読をやってみたかった、という意見もあった。言われてみれば、私もそうだった。国語の授業において、朗読を意識的にやってみるように言われたことは小学校から高校まで一度もなかった。先生の朗読を聴いた、という記憶もない。私が放送部に所属して朗読を始めたことはすでに書いたが、授業ではなく部活動という特別活動の場で私は朗読の面白さに目覚め、当時は声に出して読むことが楽しくて楽しくてたまらなかった。なぜその「目覚め」は国語の時間に訪れなかったのだろう。

ここで、冒頭の問いに戻る。「朗読をしてみたい、聴いてみたい、と思う高校生はどれくらいいるものなのだろうか」と書いた。生徒の多くは、朗読、と聞くと「つかえずにすらすら読む」とか「大きな声で感情を込めて読む」といった印象を持っているのではないだろうか。さらに「朗読を習うってどういうこと?」「上手に読めたからってその先に何があるの?」と思っているかもしれない。これらは、これまでに私が実際に受けた質問でもある。

国語の授業には、このような朗読に対するイメージの「底上げ」あるいは良い「種まき」を望む。その学校にいる間に一度でもいいから、声に出して耳で聴いて作品を味わい楽しむことを、若い生徒たちにぜひ体験させてあげてほしい。時間がないと言うのなら、先生がていねいに朗読をするだけでもいいと思う。朗読ＣＤを聴かせたり、私のような学外者に実演を頼んだりするのも一案である。人の朗読を聴くことを楽しみ、作品を声に出して表現することの楽しさを実感したことのある人ならば、「上手く読めたその先に何が?」と問うことはまずないだろう。

また今後は、国語科だけではなく他教科との連携にも目を向ける必要があるだろう。例えば、朗読そのものとは違うが、家庭科では幼児教育の分野において読み聞かせを扱うことがある。この実践のために朗読の経験が生かされる点は数多くあると思う。実際に朗読講座に参加した家庭科の先生から「講座をまねて、授業で生徒と読み聞かせの練習をしてみたけれどなかなか大変でした。単に感情を込めて読めばいいというものでもないですよね」という感想をいただいた。

高等学校の中で、朗読に関わる可能性のある人々を挙げてみよう。司書または学校図書館司書教諭、国語科・家庭科などの教員。音楽や英語も、まったく無関係とも言えないかもしれない。特別活動では、放送部（学校によっては部活動ではなく、視聴覚委員会等の名称で活動するところもある）や演劇部、ボランティア部、図書委員会など。コンピュータ部に協力を頼んで、音声ファイルを作成してみるのも面白そうだ。ほかにもまだあるかもしれない。授業も特別活動の時間も含めて、学内のどこかで朗読に出会い、朗読の面白さに目覚める人が少しでも増えれば、高校生だからこそ出来る朗読活動がさらに充実していくのではないかと思う。

最後に、生徒の朗読へのモチベーションについて述べる。

生徒の立場からしてみると、「習い事」としての朗読は、ピアノや水泳、英語、などと比較してみると、何をするのか、どうも想像し難いのかもしれない。今回、忙しい中自分の時間をさいてまで朗読をやってみようという生徒自体、ごく少数だったことからもわかる。読書嫌いあるいは人前で発表するのが苦手な人ならなおさらだろう。しかし、むしろそういう人達にこそ講座に参加してもらいたいと思った。そのためにはやはり、生徒への持ちかけ方、あるいは朗読との出会わせ方が非常に重要になってくる。

また、この講座は一つの作品について皆で勉強をした後に朗読発表するという進め方ではなかった。南高祭で発表をするという前提で始まったために、やや急ぎ働きの感があったことは否めない。参加者の中には開始からすぐに「南高祭に出る？　出ない？」と問われて、戸惑った人もいたかもしれない。とにかくまずやってみる、というやり方で二年度にわたって進めたわけだが、発表会に出演をする・しないに関わらず、参加者がゆっくり時間をかけて朗読を楽しむことも可能なように、進め方を工夫する必要性も痛感した。

ところで、二〇〇五年度以降、この南高での朗読講座は休止中である。司書の先生は定年退職を迎え、顧問の先生方の異動もあった。また、現在の放送部は機械操作希望の生徒が中心で、朗読をしたい人はいないという。演劇部も全学年合わせて五人ほどの部員数のため、公演を行うこと事態が困難な状況だそうだ。先生方が呼びかけてくださっても主役は生徒であるから、希望者がいない以上講座は成立しない。参加を強制するべきではない講座だけに仕方ないのだが、残念でならない。再開を望むばかりである。

六、おわりに

いろいろ述べてきたが、回を重ねることと思考錯誤を繰り返すことにより、朗読講座がさらに充実していく努力を今後も続けていきたいと考えている。

最後に、朗読発表会のプログラムを記しておく。偶然ではあるが、二〇〇三年度に生徒が選んだ朗読作品は、いずれも文学史に名前が出る作家の作品。二〇〇四年度にはどちらも「生と死」を考えさせられる、高校生にもよく読まれた現代作家の作品がそれぞれ朗読されたことに、非常に興味を覚えた。

〈二〇〇三年度　朗読発表会〉　二〇〇三年九月二十一日（日）南高ホールにて

1　星新一『新発明のマクラ』朗読・三年生、女子
2　宮澤賢治『銀河鉄道の夜』（抜粋）朗読・三年生、女子
3　太宰治『走れメロス』（抜粋）朗読・二年生、男子
4　橋本治『振り返れば無花果の森』（抜粋）朗読・筆者

〈二〇〇四年度　朗読発表会〉　二〇〇四年十月二日（土）南高ホールにて

1　片山恭一『世界の中心で、愛をさけぶ』（抜粋）朗読・二年生、女子
2　アレックス・シアラー（金原瑞人訳）『青空のむこう』（抜粋）朗読・三年生、女子
3　詩二編・吉原幸子『あのひと』、竹内浩三『五月のように』朗読・筆者

なお、本稿で述べた朗読講座での練習に関しては、拙稿「『美しさ』から『豊かさ』へ——朗読実践の現場から」（『月間国語教育』東京法令出版、二〇〇四年一月号）にも述べてある。併せて参照していただければ幸いである。

（朗読家・相模女子大学非常勤講師）

第十二章

地域に根ざした朗読活動の現場から

飯沼　定子

一、伝えようとすると学ばないではいられない

――飯沼さんは、三〇年近くにわたって、地域に根ざした朗読の活動を展開してこられたそうですが、出発点は視覚障害を持つ方々のための朗読テープの吹き込みをされるボランティアだと伺いました。

飯沼　そうなんです。「台東リーディングサービス」という団体で、後進のボランティアの人たちに朗読の指導をさせてもらっています。

何か奉仕活動をしてみたいという軽い気持ちから、地元の台東区にある「台東リーディング」に入会したんですよ。読書が好きでしたし、声に出して読むということも嫌いじゃなかったですから、なんとかなるかなあと。けれども、始めてみてすぐに、朗読の難しさに気付かされました。

点字図書館から根岸幸子先生がいらして、ボランティアの私たちを指導してくださる講座があったんですよ。指

導は、一人一人が実際に朗読をして、それに対して根岸先生がコメントを下さるというものでした。題材が小説の場合など、登場人物のセリフを自分なりに工夫して読むのですが、根岸先生は「そういうのはいいから、聴く人がもっと作品自体に向き合えるように」と指導される。今思えば、当時は工夫しているつもりでも、結局はただその時々の思いつきで「くせ」のある読み方をしていたにすぎなかったんでしょうね。「くせ」のある読み方止まりだと、聞き手の読書を邪魔してしまいますから。

でも、先生の受講者へのコメントを注意深く伺っていると、ただ、「淡々と間違えずに読めばいい」というのとも違うんです。そこで、『あら、朗読って難しいもんなんだな』と気がついたころには、朗読することに本気になり始めていたと思います。

根岸先生のコメントは、いま思い返してもかなり辛口のものでしたから、受講者の中には「先生、そんなにおっしゃるんでしたら、お手本になる朗読を聞かせてくださいよ」と迫る人もいたのですが（笑）、先生は決してその場では「こんな風に読みなさい」という見本を示すようなことはなさいませんでした。そのまま、最後まで行くのかしらと思っていたら、最終回に、「今日は私が朗読します」と仰って、ある手紙を朗読してくださったのですが、それが静かな語りかけながら、聴く者の心を揺さぶる素晴らしい朗読でした。受講者の中には、『先生、わたしたちに注文ばかりつけて、ご自身の読みは聞かせてくださらないんじゃないか』と不満に思っていた人もあったのですが、最後の朗読でそうした気持ちがいっぺんに雲散霧消して、素直な気持ちになりました。

もし、先生があのとき受講生から求められるままに「それはこう読みなさい」とお手本を示されていたら、みんながその真似をするだけに終わって、あの講座に参加したメンバー一人一人が自分で試行錯誤するということはなかったと思います。

——それは、学校教育における朗読指導のあり方にも示唆的な逸話ですね。

飯沼　せっかく一人一人が朗読するんですから、みんな先生の読み方のコピーになってしまうというのは残念ですよね。生徒さんたちにはそれぞれの特長や問題点があるでしょうから。それに寄り添って伸ばしたり解決したりできると良います。先生が自分の朗読をちゃんと受け止めて良くしてくれるんだとわかったら、かなり厳しい指導でも受け入れられるものだとも思います。

それから、「台東リーディング」の場合は、「視覚障害を持った方々に声を届ける」という目的がはっきりしていますから、そのために何をどうするのがより良い朗読になるのかということを考えやすいのです。学校の教室でも、ただ漠然と「上手に朗読しよう」というのではなくて、誰にどんな状況で届けるのかということを考えながらだと、違ってくるんじゃないでしょうか。

――飯沼さんはその後、幸田弘子さんに師事されることになりますね。

飯沼　はい。渋谷の朗読ボランティアの会からのお誘いで、仲間七人と幸田弘子さんの会に参加しました。恥ずかしながら当時は幸田先生のことも存じ上げず、これも何の気なしに伺って、『朗読の世界って、こんなに素晴らしいんだ』と衝撃を受けました。公演会の直後に主催されていた婦人会館の方が、「これから、『源氏物語』を原文で朗読する勉強会をスタートさせるので、もし、ご希望があったらご一緒に」と呼びかけられたので、その場で参加させていただくことにしました。以後今日まで、二〇年以上にわたってご指導いただいています。

台東リーディングの仲間の中には、「朗読はボランティア活動で始めたことだし、『源氏物語』を勉強しても直接活かせないから」という声もあったのですが、私はボランティアだからこそ、同じことの繰り返しではなくて、学ぶことで聴いてくださる方により深く伝えていけると考えました。勉強するにつれて、ボランティアでテープに吹き込むことがいっそう面白くなるんですよ。

――テープに吹き込む対象のテキストについても、独自に勉強されるそうですね。

飯沼　ボランティアの人たちにはやはり文学作品を読みたいという人が多いので、朗読依頼の本が複数のときは文学作品から引き受け手が決まりますね。しかし、「朗読＝文学作品を読む」というのも一つの思い込みなんですよ。視覚障害を持った方々からのご注文――テープに吹き込む依頼を受けるものには実にさまざまな広がりがあります。

あるとき、複数の依頼の中で、「私はこれを読みます」「じゃあ、私はこっちを」と次々に担当を決めていったら、最後に当時ベストセラーだった、丹波哲郎さんの『大殺界』という本が残ったんです。考えてみれば、そこに描かれている世界に思いを馳せながら朗読するというのが、かなり困難な本ですからね（笑）。机の上にぽんと載った『大霊界』を眺めながら、『どこまでできるかわからないけれど、やらしてもらおう』と思って、持ち帰ったまではよかったのですが、やはり辞書のレベルで調べただけでは解決がつかないことばがずいぶんありました。どうしようかと迷った挙句、せっかく著者がいらっしゃるんだもの、直接疑問に思うことを伺ってみようと本の中にあった電話番号に連絡を差し上げました。そのことがご縁で丹波邸にも折々寄せていただきました。丹波さんの磊落で暖かいお人柄に接することで、理解がいっそう深まるという経験をさせていただきました。朗読する者として、好き嫌いや得意・不得意といった枠を作ってしまわずに、新たな分野にも挑戦していく気持ちを忘れたくないと考えています。

さまざまな本に、いろんな世界が描かれています。それを自分なりにできる限り調べて理解し、聴いていただく方に届くように読み方を思案しながら朗読する――軽い気持ちで始めた朗読のボランティアですが、やればやるほど難しさに気付いて、本気で伝えたいと思うと勉強しないではいられないですよ。

また、同じ頃からNHK日本語センターでも朗読を学び始めて、こちらもずっと続けています。学校の勉強は年限が来るとおしまいになりますけれど、朗読の勉強は伝えたいと思う方々がいる限り、一生続くと思います。

二、朗読を通じて手渡すもの――小学生に民話を朗読する――

――近年、幼稚園と小学生に民話を朗読するという活動にも力を注いでおられますね。

飯沼　「台東リーディングサービス」の活動を続けて来たご縁で、八年前から台東区からのお話で「台東区民話と伝承遊び普及会」の委員をしています。この会の活動は区内の小学校を回って、台東区に伝わる民話の読み聞かせや紙芝居をした後、昔に子供の間でやっていたいろんな遊びを教えて一緒に遊ぶというものです。メンバーは十人前後で、だいたい一年に一人あたり六~七回小学校に出張します。対象は二年生から四年生です。

この活動には『台東区むかしむかし――お話と遊び』（台東区立教育研究所編、第一巻、第二巻ともに一九九七年三月刊行）というとても良いテキストがあります。民話は六十編近く、四季に分類された遊びは百以上も、収録されています。

たとえば、民話の舞台になっている場所が近所にあったりしますから、子どもたちも興味を示しやすいんですよ。この「かっぱの人助け」というお話は合羽橋の由来についてのものですし、「水を飲む木彫りの龍」は寛永寺にまつわる逸話です。読む前や読んだ後に、「ここの場所、知ってますか?」とか「行ってみようね」とことばを添えると皆、大きくうなずいたりしています。

昔話と言っても、明治以降の、上野恩賜動物園のゾウの話や「とんかつ」のはじまり、樋口一葉の「萩の舎」での逸話、地下鉄が敷かれたときのお話なども収録されています。朗読する私自身も長年台東区に暮らしていながら、「そうだったのか」とか「なるほど、面白い!」という発見や感動があるので、そうした発見や感動を大切にしながら、子どもたちに読み聞かせをしています。

——朗読や読み聞かせの場合、まず何をテキストとして選ぶのかということも、読み手にとっては大切なことですね。

飯沼　そうですね。この『台東区むかしむかし』の中からどのお話を選んで子どもたちに届けるかは読み手に委ねられているのですが、まずは自分が惹きつけられるところがないと、結局は聴いてくれる子どもたちを惹きつけることもできません。

さっきご紹介した「水を飲む木彫りの龍」、あれは名工・左甚五郎の逸話ですが、寛永寺の鐘楼の柱に甚五郎が彫った龍が、夜になると不忍池に水を飲みに来るので、朝見ると柱が濡れているというのは、ほんとうに不思議で、壮大な感じがします。私も朗読していてわくわくしますし、子どもたちも面白がってくれます。

それから、私は、努力したり辛抱したりして何かを成し遂げるお話を読んであげることが多いんですが、読み終わった後に、「頑張ったんだよね」とか「偉いよね」といった感想をほんの一言だけ添えるようにしています。長いとせっかく聴いた面白いお話がお説教になってしまいますし、そうした一言は、読んでいる私の中からごく自然に出てくるものなので。

——民話の中には、最近の子どもたちには伝わりにくくなったことばがずいぶんあるでしょうね。

飯沼　びっくりされるかもしれませんが、「『お手洗い』ってどういう意味？」と聞いてくる子がけっこういます。日常生活では「トイレ」ということばしかもう使わないと、そうなりますよね。子どもたちに朗読をしていると、どんなことばが死語になったのかがよく分かります。分からないと聞いてくれますから。一人で本を黙読するだけだと、分からなくても流しちゃうんでしょうけれど。

「炭団」が出てきたときにも分からないと言うので、炭や火鉢の話をしているうちに、私の親や祖父母たちの暮らしが甦ってきたことがありました。朗読をすることで、明治や大正、昭和の時代のことばを、次の世代に届けているんだなとしみじみ思いました。民話の中には、おひいさまから庶民まで、さまざまな階層の人たちが登場しますし、ぞんざいな言葉遣いや丁寧なものまで、ほんとうに多種多様なことばが出てきます。子どもが成長するときに、自分たちの時代のことばだけで育つか、いろんな時代の豊富な言い回しを耳にするか、大きな違いがあるんじゃないでしょうか。朗読を通じて、そうした体験を一つでも多くプレゼントできたらいいなと思っています。

お子さん方や若い人たちの今様のことばに対して、乱暴だからちゃんと躾けなければいけないと仰る方がありますが、私はことばというのは「躾ける」のではなく「馴染ませる」ものだと感じています。いくらことば遣いが悪いと叱られても、丁寧なことばに触れる機会がなければ、ただ叱られただけのことで終わってしまいますよね。「こういうことばがあったんだな」とか「この言い方、素敵だな」というのがあれば、自然と馴染んで身につきます。

朗読を通じて、次の時代を生きていく人たちに、さまざまな作品の中に息づいている素晴らしいことばを手渡していけると感じています。

五年前からは台東区の生涯教育センターで、中学校の生徒を対象にした、「わくわく国語クラブ」も始まりました。学校が週休二日になったのに伴って、毎週土曜日に年間を通じて、書道や俳句などと並んで朗読も体験するというプログラムです。こちらも指導させてもらっていますが、朗読の面白さに目覚めた生徒さんたちは、中三になっても受験勉強の合間を縫って、イベントに参加したいと意欲を見せてくれます。頼もしいですよ。

三、心に響く朗読とは——老人ホームでの訪問朗読、そして舞台朗読——

——視覚障害を持った方、小学生、中学生、そしてご高齢の方々にも朗読の実践をされていますね。

飯沼　板橋区のナースホームに通い始めて、一〇年になりました。私自身も年を重ねてきて、体調が思わしくないときや忙しすぎると、「お休みさせてもらおうかな」と思うこともありますが、できるだけ頑張って休まず出かけています。

というのも、私の朗読をいつも楽しみにしてくださっていた方がいらっしゃいまして、その方に「また来月、伺いますね」とお約束したのに、よんどころない事情で一回お休みしたら、亡くなられたんです。周りの方々から「飯沼さんの朗読、聞きたがっておられましたよ」と聞いて、改めて、ここでは文字通り、「一期一会」で朗読させてもらっているんだなと自覚しました。

――以前、飯沼さんが「朗読がつまらないと、子どもは騒ぐ・老人は寝る」とおっしゃっていたのがとても面白くて印象的でした（笑）。

飯沼　そう、だからそうならないようにいつもできる限り努力しています（笑）。朗読を聴いたあとの反応として、子どもたちは面白いときもつまらないときもわいわいと感想を言ってくれますが、ご老人は面白いときだけ何かおっしゃって、良くなかったときは黙っておられます。だから反応がないときは、どこがまずかったのかよーく考えます（笑）。

もう一つ、ご高齢の方の反応として、朗読に触発されてご自身の経験してこられたことを語ってくださるということがあって、これがたいへん勉強になります。明治の頃の懐かしいことばや、いまはもう目にすることがなくなった風習など、朗読の内容をきっかけにして、むしろこちらが教わることが限りなくあるんですよ。朗読することで、聴いてくださった方々が、私を明治や大正、昭和の初期に連れていってくださるんです。

――地域に根ざした朗読活動のもう一つの大きな柱として、毎年一回、台東区の舞台で朗読する会も継続されていますね。

飯沼　ええ、おかげさまで平成一〇年から始めて九回目を無事終えました。これまでお話してきたように、ほんとうにいろんな方たちに朗読をしているのですが、一年に一度、舞台で自分の朗読の在り方を問いかけています。毎回取り上げる作品は二つで、一つは大好きな山本周五郎のものから、もう一つはその年々でいろんな領域にチャレンジしています。今年は現代語訳された『古事記』でした。

――「飯沼定子・朗読の会」に伺ってびっくりしたのは、若い人からご高齢の方、車椅子でいらっしゃる人、男女の割合も含めて、ほんとうにいろいろな方たちが参集されていることでした。

飯沼　ご高齢の方や障害をお持ちの方、そしてお宅に介護が必要な方がおいでになる方など、興味のあるイベントがあって行きたくても、その会場がご自宅から遠いと、結局は見合わせてしまうという声をよく耳にします。地域に根ざして朗読の活動をさせていただいているので、舞台朗読をする際にも、やはり地域の方々に足を運んでいただきやすい場所をと心がけています。

朗読のお話の折など、「聴き手の息をいただく」という表現をすることがあるのですが、ボランティア活動として朗読の実践をしているときも、舞台朗読も、朗読とは聞いてくださる方と創るものだと思っています。むろん、発表する前までは自分の中で一生懸命準備をして臨みますが、語り出したらどれくらい聴いてくださる方と一所になれるかという点に集中します。朗読しながら、自分が聴き手と同じ世界にいるなと体感できたとき、心の底から朗読をやってきて良かったと思えますし、感動が溢れてきます。

――現役の学校の先生から、専門家の圧倒的な舞台朗読を聴くと感動すると同時に、「これまでちゃんと修業した体験もない私には、到底無理だ」という気持ちになって、安易に教室で朗読を教えるなんてできないと尻込みしてしまう、という話も聞きました。

飯沼　私、畑で農作物を育てているんですが、苗床を工夫して完璧なものを作ろうと思ったら、三年が五年経ってもここに種を蒔けば絶対に上手く行くというものができるとは限りません。「ともかく種を蒔いてみよう」と思って、できることから試行錯誤する中で、養分のうち何が足りないのか、何が多すぎるのかが分かってくるんじゃないでしょうか。

ほんの小さなことでも失敗を恐れないで、やってみると、次に何が必要か見えてくるはずです。目の前の生徒さんたちに向かって、どんなことでもいいから小さな一歩を試してほしいなと思います。

――最後になりましたが、飯沼さんがお考えになる「心に響く朗読」とは？

飯沼　一つは、自分で作品が選べるときには、「朗読に向いているかどうか」ということに囚われないで、自分自身が心の底から良い内容だなと感じてほかの人にもぜひ聞いてもらいたいと感じるものを選ぶということ。文学作品の場合、心がけているのは、「作中人物を愛する」ということです。どんな悪役でも端役でも、じっと向き合っていると、人間としての可愛らしさが感じられてきて、愛さないではいられません。

もう一つは、届ける相手をちゃんと意識して、「聞き手にとって欲しい間がとれている」ことでしょうか。同じ民話を読むのでも、子どもたちの年齢や人数、部屋の広さで、「間」はすっかり変わってきます。どんなに上手に読めても、それが朗読する人の側だけで閉じていたら、聞き手の心にまでは響いていかないんじゃないでしょうか。

（朗読家・三文《みふみ》の会主宰）

（インタビューおよび構成・金井景子）

第十三章

からだとことばのレッスン
——高校講座「演劇ワークショップ」の挑戦——

若尾　隆司

一、演劇ワークショップとは

——早稲田大学高等学院（普通科男子高校）では、三年次に選択授業として「演劇ワークショップ」という講座を設けていますね。この講座を設置する以前は、演劇の盛んな学校だったのですか？

若尾　いいえ。演劇部には、メンバーはいたようですが、大会に出場するというような活動はなかったのではないかと思います。しかし、現在は大会にも参加しています。学園祭での演劇活動も当時はほとんどなかったと思います。

——若尾さんご自身も、舞台に立たれたことがあると伺いましたが……

若尾　高校生の頃から演劇に興味を持ち始め、高校卒業後にある劇団の研究所に入りました。舞台に立つといっても、研究生としての活動でしかありません。

——講座の目標は、どんなところに置いておられるのでしょうか？

若尾　大きく分けて三つあります。

①　劇を創作する……　グループワークによる劇の創作。

②　役を演じる　……　創作した劇の上演。既存の戯曲を用いた実習。

③　劇を分析する……　観劇後のレポート作成。戯曲の分析。

です。また演劇を通して、自分の身体や性格について知ること、コミュニケーション能力の向上なども目標としています。

——学校には演劇専用の施設があるのですか？

若尾　いいえ、専用のものはありません。実技は大教室を使用。講義形式の時は会議室を使用します。設備では、簡単な音響機器（専門的なものではありません）があるのと、公演時には照明機器（演劇部の所有しているものと合わせても五台しかありません）を使うこともあります。基本的には特別なものを使うのではなく、何もない空間でできることをやっていきたいと思います。演劇は「イマジネーションの遊び」だと思いますから。

——この講座は選択科目ですね。受講生の人数は？

若尾　二〇〇六年度は一五名。二〇〇五年度は二五名。それ以前は二〇名でした。毎年、基本的に意欲のある生徒が受講していると思います。

二、演劇ワークショップのカリキュラム

——年間の授業はどのように展開されているのですか？

若尾　年間のカリキュラムは、三つの柱から構成しています。まず毎週一回（二時間）の授業、そしてその成果を発表する公演、さらに課外活動として出かけていって演劇を見ることです。それぞれが組み合わさることで、相乗効果を生んでいます。

「演劇ワークショップ」シラバス

一、単位数（時間数）　二単位（週二時間　年間授業）
二、授業計画
☆第一〜四回　演劇的要素の入ったゲーム
▼たとえば「なわとび」や「バレーボール」、また「水の入ったバケツ運び」などを、実際にはなわとびやボール、バケツ等の道具を使わないで行います（うまくいかないときは実際の道具を使い、感覚をつかんでもらいます）。またグループで、ある状況（たとえば「家族の食事風景」や「美術館の客」など）を、身体を用いて示し（オブジェとして）、そこから物語を作っていったり、相手の動きをひたすら真似する「鏡」というゲームなどを行ったりしています。いくつかの「ゲーム（ここでは「遊び」という意味合いが強いです）」を通して、一年間ともにこのクラスを受講するメンバーとの信頼関係を構築することを目指すとともに、他のメンバーがどのようなことをどうやるか、相手の態度をじっくり観察することの重要性に気づいてもらいます。
☆第五回　ゲスト講師による授業
▼ゲスト招聘＝一回目の鑑賞作品に出演する俳優さんに来てもらいます。初年度からずっと劇団青年座にご協力いただいて、青年座所属の俳優五十嵐明さん、小豆畑雅一さんに来てもらっています。この五年間は五十嵐さんか小豆畑さんか、どちらかが出演する舞台が四〜六月にありましたので。幸運でした。
▼そこでは俳優が普段どのような訓練を行っているか、また演じるとはどのようなことかをレクチャーしてもらいます。また観劇の動機付けとして、ゲストの素（普段）の状態と、役としての状態に着目してもら

うことにします。受講生の中にはこれが観劇初体験という生徒もいますので、演劇との最初の出会いをできるだけいいものにしたいと考えています。そのことはゲストの俳優にも伝え、事前に打ち合わせを行います。

☆第六～一七回　公演にむけた練習

▼既存の戯曲を用いる場合は「本読み」から始めます。何回か「本読み」をしたあとで配役の希望を取り、できるだけ希望に叶うように配役を決定します。配役が決まるとその後は、場面ごとに稽古をしていきます。出入りの位置や大道具類（テーブルやいす程度）などの設定は基本的にこちらで行い、その中で自由に動いてもらいながら徐々に芝居を確定していきます。その際、メンバーがディスカッションしながらベストな芝居を見つけていくように、こちらからアドバイスを行います。

☆第一八～二二回　演劇の分析

▼過去二回のレポートを回し読みし、感想を述べあう作業をまず行います。

▼その後ビデオで演劇作品を鑑賞し、《演劇を読む》方法をレクチャーします。

▼昨年はク・ナウカという劇団の「王女メディア」という作品をビデオで鑑賞し、ワークシートを埋める形で《演劇を読む》ひとつの方法を提示しました。

▼そのような作業を経て、三回目のレポートを書いてもらい、それを劇評集にまとめます。

三、公　演

☆一一月の校内学芸会で年間一回限りの発表公演を行います。

▼既存の作品では森本薫の「ベンゲット道路」というラジオドラマや小林多喜二の小説「蟹工船」を発表用台本に作り替えて公演を行いました。泣いたり笑ったり、または怒ったりといった感情が、しかも振幅のある状態で出てくるようなものをこちらで選んでいます。またこれらの作品を通して、当時の歴史や社会についても興味を持ってもらいたいと考えています。

▼公演のチラシやポスターなども受講生に作成してもらいます。全員がそれぞれ作成し、その中でベストなものを使用する年もあれば、責任者が代表して作成する年もあり、やり方はその年によって異なります。

▼公演はビデオに撮り、公演後の最初の授業で観ることにしています。その時は、感想と反省を一人ずつ述

べてもらいます。

四、課外活動

☆演劇鑑賞とそのレポート執筆

➤年間三回の観劇をします。

☆一回目（五・六月頃）は全員同じ作品を観ます。

➤今年度はアフタートークというかたちで、観劇後に、授業にきてもらった五十嵐明さんを囲んでディスカッションを行いました。また、バックステージを見学させてもらいました。生徒にとっては大変刺激となったようです。

☆二回目（夏休み中）は五作品（こちらで指定）の中から一つを選んで観ます。

☆三回目（一〇～一二月）は全く自由に選んでもらいます。

➤鑑賞毎にレポートを書いてもらいます。

☆一回目は分量・形式とも自由です。

☆二回目はこちらでいくつか着眼点を示しますが、基本的には分量・形式とも自由です。

☆三回目は分量のみ指定します（おおよそ原稿用紙五枚）。二〇〇五年度は三回目の観劇レポートを劇評集というかたちでまとめました。

五、評価基準

☆評価項目と基準を立てて、それに従って生徒に自己評価してもらいます。

➤評価項目には授業への取り組み（公演の練習・レポート作成など）はもちろん、授業の準備や後片づけへの取り組みという項目もあります。個人で行う活動と、メンバー間で協力して行う活動とを意識させ、どちらも大切にしてもらいたいと考えています。現在、相互評価は行っていませんが、今後うまいやり方があれば相互評価も取り入れてみたいと思います。

三、演劇ワークショップの可能性と課題

――実際にプロの演技を見ることで、生徒の演技が良くなっていきますか?

若尾　毎週たった二時間の授業ですから、それだけで劇的に技術が向上するとは言えません。ただ、発表作品は徐々に完成されていきます。そして観劇回数が増え、練習の回数が増えるほど、表現するということに対して積極性がみられるようになります。一年経ってみれば、受講生一人一人の表現スタイルがそれなりに確立している。その巧拙はともかく、めいめいがその「癖」を自覚できるようになる。つまりそれまで気づかなかった新しい自分、新しいアイデンティティを発見していき、それがひいては自信につながります。受講生は一年かけて、いわば自分探しをするわけです。

――この講座を受講した生徒は、演劇関係の進路を選ぶことが多いのですか?

若尾　もともと演劇に興味のある生徒が集まることは確かですからこの授業の影響かどうかはわかりませんが、演劇ワークショップ受講者のうち、文学部へ進学する生徒が多い年もあります（二〇人中五～六名が文学部に行った年がありました）。また、この講義を取ったことで演劇を学びたいと思い始め、文学部に進学した生徒もいました。その生徒は高校時代にいちど留年しており、それまで積極的になれるものがなかったが、やりたいことがみつかったと言っていました。

――この講座を始めてから五年経つということですが、その間に指導方法は変化してきているのでしょうか?

若尾　昨年、発表作品を生徒の創作（グループワーク）にしたのですが、あらかじめ完成した形がみえない（既存の戯曲を用いる場合は、ある程度、完成形がみえるのでそれに近づけることが授業の中身になる）ので苦労しました。生徒

も授業時間以外で集まらざるを得ず、大変だったようです。しかし今後はその方向で授業内容を改善していきたいと思います。

——指導するうえで困っていることなどは？

若尾　週に一回の授業というのは、演劇作品を作る上では非常に効率が悪い。期間は短くていいから、まとまって時間が取れる方が断然いいのですが……これでは授業になりませんね。

——若尾さんは「演劇ワークショップ」の他にも国語科の各科目を教えていらっしゃいますが、この「演劇ワークショップ」では、言語教育の観点からも指導をされているのですか？

若尾　実際のところ「国語教育」あるいは「言語教育」という意識よりも、「演劇を体験する」「演劇に親しむ」という意識のほうが強いです。もちろん「言葉」を使う授業ですから、自然に「言葉」について考え、また「身体」を通して「言葉」を発する機会を持つことになります。その中で、たとえば発声（自分の声がどういうものであるか）や滑舌（自分はサ行が不得手であるとか）、イントネーション（発表用の戯曲は方言が入っている）などの問題にも触れることにはなります。つまり、「身体」と「言葉」の両側面からコミュニケーションのレッスンをしていることになるでしょう。その意味では、いわゆる「伝え合う力」や、ひいては「生きる力」に寄与しているのかもしれません。また劇評を書く（演劇を分析する）ということは、「国語教育」（あるいは「文学教育」）という側面を持つことはいうまでもありません。ただ、繰り返しになりますが、メインは「演劇を体験する」「演劇に親しむ」授業だと考えています。

——そうすると一年間のハイライトは、やはり公演活動ですね。

若尾　はい。「学・芸術交流祭」という校内での発表の場があったからこそ始められた講座です。やはり発表する場（それも他の活動に支障がないような）があるのとないのとでは、生徒の取り組みも違ってくると思います。

――公演活動を通じて達成感を得ることが、受講生の人間形成に影響を？

若尾　時々、劇場で昔の受講生に会ったり、ゲストで来てくれた俳優が出演する舞台を観に行く受講生がいたりします。その時には「演劇に親しむ」というこちらの蒔いた種から芽が出たように思い、素直にうれしいです。その意味で、発表の場があることと同様に、授業に協力してくれる俳優さんたちの存在がとても大きな意味を待っていると感じています。学校の中だけで閉じるのではなく、社会との接点がそこから生まれていると思うからです。

――ありがとうございました。

（早稲田大学高等学院）

（インタビューおよび構成・榎本隆之）

執筆者一覧

松本　直樹　早稲田大学教育・総合科学学術院教授（第一章）
＊大津　雄一　早稲田大学教育・総合科学学術院教授（第二章）
内山　精也　早稲田大学教育・総合科学学術院教授（第三章）
町田　守弘　早稲田大学教育・総合科学学術院教授（第四章）
中村　佳文　山崎学園富士見中学高等学校教諭（第五章）
榎本　隆之　早稲田大学高等学院教諭（第六章）
兵藤　裕己　学習院大学文学部教授（第七章）
＊金井　景子　早稲田大学教育・総合科学学術院教授（第八章）
永井　聖剛　愛知淑徳大学文化創造学部専任講師（第九章）
小塚　聡子　調布市立調布図書館司書（第十章）
内木　明子　朗読家・相模女子大学非常勤講師（第十一章）
飯沼　定子　朗読家・三文の会主宰（第十二章）
若尾　隆司　早稲田大学高等学院教諭（第十三章）

（執筆順・＊は編者）

声の力と国語教育　［早稲田教育叢書25］

2007年3月31日　第1版第1刷発行

編著者　大津雄一　金井景子

編纂所　早稲田大学教育総合研究所
〒169-8050　東京都新宿区西早稲田1－6－1　電話　03（5286）3838

発行者　田中千津子

発行所　株式会社　学文社　〒153-0064　東京都目黒区下目黒3－6－1
電話　03（3715）1501(代)
FAX　03（3715）2012
http://www.gakubunsha.com

印刷所　東光整版印刷株式会社

ISBN 978-4-7620-1674-5